科学之光
LIGHT OF SCIENCE

世界因他们而改变

亚历山大·冯·洪堡评传

［德］托马斯·里希特◎著

李晓芸◎译

中国科学技术出版社

·北 京·

图书在版编目（CIP）数据

亚历山大·冯·洪堡评传 /（德）托马斯·里希特著；
李晓芸译 . -- 北京：中国科学技术出版社 , 2025. 2.
（世界因他们而改变）. -- ISBN 978-7-5236-1158-6

Ⅰ . K835.166.1

中国国家版本馆 CIP 数据核字第 20245HM253 号

Original Title：Alexander von Humboldt
Copyright © 2009 by Rowohlt Taschenbuch Verlag GmbH，Reinbek bei Hamburg
Simplified Chinese language edition arranged through Beijing Star Media Co. Ltd.，
China
北京市版权局著作权合同登记　图字：01-2024-3004

总　策　划	秦德继		
策划编辑	周少敏	郭秋霞	崔家岭
责任编辑	汪莉雅	李惠兴	
装帧设计	中文天地		
责任校对	张晓莉		
责任印制	马宇晨		

出　　版	中国科学技术出版社
发　　行	中国科学技术出版社有限公司
地　　址	北京市海淀区中关村南大街16号
邮　　编	100081
发行电话	010-62173865
传　　真	010-62173081
网　　址	http://www.cspbooks.com.cn

开　　本	787mm×1092mm　1/32
字　　数	104千字
印　　张	7
版　　次	2025年2月第1版
印　　次	2025年2月第1次印刷
印　　刷	河北鑫兆源印刷有限公司
书　　号	ISBN 978-7-5236-1158-6 / K · 460
定　　价	68.00元

目 录

第 1 章

城堡往事

1781 年 7 月 30 日，蒂格尔城堡（Schloss Tegel）的图书室里，两个少年坐在一张老橡木桌旁。在他们面前站着一个瘦削的三十来岁的年轻人。三个人都还汗津津的，因为他们刚刚从城堡花园打了个来回。他们从那里采集到的植物，此刻正与植物学书籍和植物标本一起静静地躺在桌子上。这个三十来岁的年轻人是医生恩斯特·路德维希·海姆（Ernst Ludwig Heim），看起来很严肃。他曾是施潘道（Spandau）的一名负责任的城市医生，是因为少校夫人的诚意聘请，才跨城到柏林担任亚历山大（Alexander）和威廉·冯·洪堡（Wilhelm von

Humboldt）[1] 这两位少年的家庭教师。家庭教师，此处也被称为宫廷教师，通常是一些不想成为牧师的大学生或神学家。对于需要填饱肚子的人文学者来说，这是一份吃力不讨好的工作。然而，对于海姆来说却有所不同。

这一切始于 4 年前。海姆被叫到了蒂格尔城堡，因为那里的两个孩子都病得很重。那时孩子们的父亲——退役军官亚历山大·格奥尔格·冯·洪堡（Alexander Georg von Humboldt）少校还健在。忧心忡忡的母亲立即将医生海姆带到病床前。像往常一样，她两个儿子中的小儿子亚历山大更让她发愁。亚历山大咳嗽、发烧、没有食欲，他就是家里那个总让父母操心的孩子！他的哥哥威廉在阅读、写作，甚至在大自然中徒步这项活动上都要远远领先于他。这一天也不例外。就在威廉几乎不再发烧，偶尔打个喷嚏，已经能在床上看书的时候，亚历山大的体温却每个小时都在攀升。家人都很担心，但海姆医生一如既往地知道该怎么做，并且能够迅速帮助到这位小患者。

---

[1] 本书主角亚历山大·冯·洪堡全名为弗里德里希·威廉·海因里希·亚历山大·冯·洪堡（Friedrich Wilhelm Heinrich Alexander von Humboldt），本书使用"亚历山大·冯·洪堡"这个惯用称呼。亚历山大的哥哥通称为"威廉·冯·洪堡"也是同理，为惯用称呼。——编者注

几年很快过去了，海姆在这个炎热的夏日坐在了两个少年的对面。威廉专注地听老师的教导，但保持着疏离感，而亚历山大则听得目不转睛、津津有味。讲授的主题是林奈的植物分类学，海姆要求他的这两个学生辨认他们从城堡花园带回来的植物。当威廉为了找到正确的插图而努力翻阅林奈的著作时，亚历山大却早已胸有成竹了。他指着花园里带回来的植物，瞬间就说出了属名、种名和科名。他还能够说出草药的俗名以及治疗效果，没有流露出丝毫的犹豫。威廉对今天的课程一点也不满意，拉丁语词汇、不规则动词、语法的细枝末节——这些都是他的强项，但在这一天，他的弟弟却迎来了自己的荣耀时刻。亚历山大开始为采集到的植物制作一套标本集。海姆医生不禁心潮澎湃，因为他的到来是值得的。诚然，亚历山大这位年轻学子的狂热并没有持续多久，但已经迈出了通往植物学的第一步。[1]

（左图）17岁的威廉·冯·洪堡。粉彩画，约翰·海因里希·施密特绘，1784年

（右图）15岁的亚历山大·冯·洪堡。粉彩画，约翰·海因里希·施密特绘，1784年

（左图）亚历山大·格奥尔格·冯·洪堡（1720—1779年）。佚名绘

（右图）玛丽–伊丽莎白·冯·洪堡（1741—1796年）。佚名绘

第 2 章

贵族子弟

亚历山大·冯·洪堡是普鲁士夫妇亚历山大·格奥尔格和玛丽 – 伊丽莎白·冯·洪堡（Marie-Elisabeth von Humboldt，娘家姓为"Colomb"）的次子。这是这位母亲的第二次婚姻。在第一任丈夫去世后，这位冯·豪威德（von Holwede）家的寡妇嫁给了比她年长 21 岁的军官兼普鲁士宫廷总管冯·洪堡。她带着头婚生的儿子海因里希·弗里德里希·冯·豪威德（Heinrich Friedrich von Holwede，1763—1817 年）一同嫁了过来。此外，她还从前夫那里继承了一大笔财产，这些构成了家族财富的基础。1767 年 6 月 22 日，洪堡家的大儿子威廉在波茨坦出生，两年后小儿子亚历山大也出生了。亚历山大·冯·洪堡于 1769 年 9 月 14 日在柏林出生，4 周后在柏林大教堂受洗。然而，美满的家庭只勉强维持了不到十年。

1779 年 1 月 6 日，亚历山大·格奥尔格的早逝改变了洪堡家族的命运。

在这场命运的悲剧过后，两个男孩的母亲以及戈特洛布·约翰·克里斯蒂安·昆特（Gottlob Johann Christian Kunth）——洪堡家族的第一位家庭教师和亲密朋友，共同在男孩们的生活中发挥关键作用。由于年龄相差不大，两个兄弟得以一起接受教育。对于亚历山大来说，这种安排对他不利，他对植物学、地质学和物理学等自然科学感兴趣，而威廉则在语言方面更有优势。然而在 18 世纪中后期，语言学在社会地位上高于自然科学，所以跟哥哥相比，亚历山大被认为在才华上略逊一筹。

昆特必须平衡两个兄弟之间的教育差距。作为全能教育家，他教授洪堡兄弟数学、德语、拉丁语、希腊语、法语和历史等课程。在他们的父亲去世后，他还承担了管理遗产的角色。

昆特是一位出色的教育家，他也引荐了其他学者到洪堡家中做客，其中包括恩斯特·路德维希·海姆，那位传授了威廉和亚历山大现代植物学的基础知识的医生。海姆紧跟知识潮流的最前沿，将当时兴起的植物分类系统的知识传授给洪堡两兄弟。

在18世纪中叶，瑞典人卡尔·冯·林奈（Carl von Linné）引起了学术界的浓厚兴趣。林奈通过引入新的植物分类系统取得了巨大的成功。几个世纪以来，人们一直试图为植物王国带来秩序。自从发现新大陆后，关于新物种的知识爆炸式增长，这导致确立新的系统成为植物学的中心任务。林奈的系统根据植物的性状进行分类，并用他开发的命名系统为之命名。首先是属名，其次是种名，最后是发现者姓名的缩写。通过这种方式，可以将世界上所有的植物归类到林奈的系统中。

亚历山大·冯·洪堡那时能否想象，有一天他会发现新的植物物种，例如生长在安第斯山脉（Andes）上的野生玫瑰？对于植物爱好者亚历山大来说，植物学是一门重要的科学，他一生都对此充满热情。然而，他在自然方面的研究天赋并非早早就被认可。这名年轻的研究者被起了"小药剂师"[2]的绰号。这个词体现了极大的蔑视和误解。在18世纪末，植物首先是有医学方面的用处，人们在自然界中寻找能起作用的草药。因此，植物研究仅仅是医学的一个组成部分，植物学本身却不是研究目的。在亚历山大的时代，还没有自然科学相关学科，因此他比起被认为是语言学天才的哥哥威廉·冯·洪堡来说处于更艰难的处境，毕竟那是一个人文主义决定思想和教育理念的时代。

然而，教育和培养并不仅仅通过家庭教师来进行。对于18世纪晚期的市民和贵族阶层来说，社交圈也是生活的重要组成部分。在这里，人们交流政治话题，签订合同，开展交易。出身良好的子女们被引入社交圈，学习恰当的行为礼仪。人们称聚会的地点为不同的"沙龙"，这同样也是教育的场所。通过讲座或实验，人文科学和自然科学的主题被介绍给感兴趣的听众。洪堡兄弟也与柏林的一个主要文化圈有联系。亨丽埃特（Henriette）和马库斯·赫尔茨（Marcus Herz）属于普鲁士大都会的文化界名人，往来皆为博学之人。医生马库斯·赫尔茨对物理问题特别感兴趣，并举行了相关主题的讲座。他特别着迷于电学，不仅对理论问题痴迷，更对实验感兴趣。因此，他帮助洪堡家族在柏林的蒂格尔城堡安装了最早一批的避雷针。[3]

在植物学之外，由于与马库斯·赫尔茨的接触，亚历山大·冯·洪堡在他的青年时期发现了更广阔的科学领域。在18世纪90年代初，他进行了许多"动物电"（又称伽伐尼电流）实验。对他来说，重点是电流对肌

亨丽埃特·赫尔茨（1764—1847年），她是洪堡兄弟年轻时的朋友。安娜－多萝西娅·特尔布什绘

肉运动的影响。为此，他不仅用青蛙肌肉进行了实验，还拿自己做实验。

不过，说回亚历山大的少年时光，蒂格尔城堡对于这个年轻的研究者来说是一个重要的地方，他在那里发掘了自己的科学兴趣。其中有两位老师与亚历山大的研究兴趣密切相关：一位是对物理充满热情的医生马库斯·赫尔茨，另一位是擅长植物学的医生恩斯特·路德维希·海姆。人与人的友谊和对科学的兴趣相结合是亚历山大·冯·洪堡生活中的一个显著特点，二者交织的网络如同一条红线，贯穿了这位自然科学家平生。

第3章

"漫长的"大学生活

1787年11月，法兰克福，奥得河畔的一座灰色之城。天色阴沉，下着小雨，两个青年正在前往大学的路上。他们都来自柏林，是一对兄弟。在那时，这所教育机构并非欧洲最有声望的学府之一。家庭教师和城堡总管昆特与他们的母亲共同选择了此地让孩子们上大学，因为奥得河畔的法兰克福大学①离柏林并不远。因此，他们的母亲或老师可以随时了解他们的情况。此外，这所1506年建立的勃兰登堡藩侯国的首所大学还是普鲁士官员的选拔地，而洪堡兄弟也计划在普鲁士的行政部门任职。天赋异禀的哥哥威廉被分到法学专业，而才能

---

① 今奥得河畔法兰克福欧洲大学［德语：Europa-Universität Viadrina（Oder）］。——译者注

稍逊的弟弟亚历山大，则进入了官房学专业①。获得本专业的毕业证才有资格在政府中任职。母亲和家庭教师认为口才出众的威廉适合担任外交官的角色，而亚历山大似乎只需在行政部门谋得一官半职就足够了。

亚历山大在奥得河畔的法兰克福学习时缺乏动力。克里斯蒂安·恩斯特·文施教授（Professor Christian Ernst Wünsch），为一群选拔出的学生讲授名为"经济学"[4]的课程。虽然这位"疯狂学者"[5]谈到了植物学的话题，但亚历山大在听了几句之后还是走神了。他渴望更深入了解植物世界，他热爱大自然，爱它的美丽和神秘。亚历山大还做出一个决定，不再在奥得河畔的法兰克福消磨时光，假期结束后不再回到学校去了。

亚历山大·冯·洪堡无疑很想攻读自然科学专业，然而在18世纪末并没有相应的专业。医学当然也是一种可能性，但是医学主要是给来自市民阶层的孩子一个提升社会地位的机会，而亚历山大和威廉本就来自贵族

---

① 官房（拉丁语"camera"），在欧洲的中世纪原指国家的会计室，中世纪以后指国库或泛指国王的财产。官房学（Kameralwissenschaft）是有关政治、经济知识的总称，包括财政学、国民经济学、私经济经营学和产业行政学等科学。当时德国各大学设官房学一科，主要是培养财务行政官吏和君主的财政顾问，故名官房学派。——译者注（下文如无特别说明，均为译者注）

家庭。因此，对于母亲和家庭教师昆特来说，只考虑让两个儿子在普鲁士国家体系中担任公职。对于亚历山大来说，1787—1788年冬季学期在他的未来人生中几乎留不下一个注脚，如果我们只从他的科研兴趣来看的话。然而，在个人层面上，法兰克福的这段日子有一笔巨大的收获——他与神学生威廉·加布里埃尔·韦格纳（Wilhelm Gabriel Wegener）结下了友谊。由于两位大学生之间的广泛通信，我们对他们在奥得河畔的法兰克福的友谊得以深入了解。[6]

青年时期的友谊塑造了人的性格，亚历山大与他周围的一些男性保持着友谊。由于他一生未婚，人们推断这位学者可能有同性恋倾向。然而，洪堡在与韦格纳的通信中表现出的情感化写作风格并不能作为他有同性恋倾向的证据。当时的资料显示，非常私人化的写作风格是18世纪中后期的普遍特征[7]。亚历山大在1788年5月8日从柏林写给韦格纳的信中不仅提供了他与奥得河畔的法兰克福的同学之间关系的信息，还提到了医生马库斯·赫尔茨的妻子亨丽埃特·赫尔茨：

亲爱的兄弟！……当心有所感时，口才方能雄辩，

我不禁被你上一封来信中体现出的高尚的温暖，以及那种既活泼又令人愉悦的方式所深深折服。你对造物主智慧的评论无比真实而且非常美妙，造物主让我们在物质和道德上更能向前看，而不是左顾右盼。

几天前我与一位朋友分享了同样的观点，她的判断对我来说很适用。这位同样高尚的[①]女士说她希望能够认识那个"具有如此真实而美好感受"的人，于是我告诉了她你的名字，并讲述了关于你的事情，那些言语中表达着我的爱。能够赞美自己的朋友是一种甜蜜的感觉……我也想告诉你那个能根据你的话而准确地洞察到你内心的女人。她是最美丽、最聪明，不，我必须说是最具有智慧的女人——亨丽埃特·赫尔茨。[8]

这封信表明了亚历山大·冯·洪堡和威廉·韦格纳之间异常亲密的关系，这份友谊帮助亚历山大度过了在法兰克福第一学期沉闷的冬天。亚历山大的字句也透露出他们曾经交流过的思想主题。这位神学研究者重视他那拥有自然科学思维方式的朋友的观点，然而这位朋友

---

① 此处原文"Elde"一词有高尚、贵族等含义，但亨丽埃特本人并没有真正意义上的贵族头衔，因此此处可认为是少年洪堡对贵族头衔的含混理解，或是指这位女士同样高尚。

在官房学专业中并不能施展自己的才华。在对洪堡做专业研究的出版物中，类似这封信中的神学论述几乎无迹可寻。因此，洪堡写给韦格纳的信件是独特的，它们揭示了这位未来的自然科学家偏于宗教的一面。

最后，这封信还展示了亚历山大·冯·洪堡的另一个典型特点：建立人脉网。信中，亨丽埃特·赫尔茨被拉了进来。她是一个令人印象深刻的人物，魅力十足且非常有学识。洪堡似乎对这种性格特质的组合特别着迷。信中没有明确揭示洪堡的性取向，而更倾向于一种精神上的"三角关系"（menage à trois）。但是这并不影响对他一生成就的评价。

洪堡在蒂格尔城堡花园。彩色钢板印刷，作者：约翰·波佩尔，约1850年，根据路德维希·罗伯克的作品绘制

1788 年 3 月 23 日，为了逃离狭隘的环境，亚历山大离开了奥得河畔的法兰克福，前往柏林。然而，他的哥哥威廉在去年的冬季学期似乎也没有过得更好。威廉转学到了哥廷根大学[①]，而亚历山大则在柏林待了一整年。在昆特老师的指导下，亚历山大利用这段时间在各个领域继续深造，包括物理学、数学、希腊语和哲学。这表明，亚历山大仍在寻找自己的方向。与此同时，威廉再度选择了德语地区的著名高等学府哥廷根大学。哥哥仍遥遥领先于弟弟，因此亚历山大依然处于威廉的影子下，直到很久以后才逐渐摆脱出来。

1788 年夏季学期，亚历山大在柏林参加了一次讲座，其间听到了一位植物学家的名字——卡尔·路德维希·威尔德诺（Carl Ludwig Willdenow）[9]，此人刚刚完成学业返回柏林。威尔德诺是一名训练有素的药剂师，专注于植物学问题。洪堡恰好擅长将个人友谊和共同的研究兴趣结合起来。

威尔德诺使亚历山大的视野得到拓展。现在，亚历

---

① 该大学全称为格奥尔格-奥古斯特-哥廷根大学（Georg-August-Universität Göttingen），1734 年创立的古老大学，最早叫作"格奥尔格-奥古斯特大学"（Universitas Regiæ Georgiæ Augustæ），如今也被简称为"哥廷根大学"。

山大不用再拘泥于蒂格尔城堡家中的花园里寻找植物，威尔德诺在亚历山大休学期间带他去柏林周边的草地和森林开展"植物探险"。通过这种方式，尽管范围有限，亚历山大的行动半径还是得到了扩大。他意识到，探索全新的和已知的植物品种是他的终极目标。这也预示着一个新的知识领域的开拓。植物学家不再将植物仅仅看作一个有价值的客体，他们的任务还包括研究处于栖息地的植物群落，这成为植物地理学产生的萌芽。大约十年后，洪堡在前往南美洲和中美洲地区①的旅行中对其进行了深入研究。

卡尔·路德维希·威尔德诺，1765 年生于柏林的一个药剂师家庭。学徒期结束后，他在哈雷（Halle）学习医学，并获得博士学位。而后，威尔德诺于 1789 年接管了父亲的药店。除了实际工作外，他还致力于研究植物学问题。出于共同的兴趣，他与年轻的亚历山大·冯·洪堡建立了友谊。威尔德诺的著作《植物学概论》成为 19 世纪植物学的经典著作。1798 年，他成为柏林医学院的教授。自 1801 年起直到 1812 年去世，一直担任柏林植物园的主任。威尔德诺在去世前不久，还前往巴黎拜访洪堡，并整理了他热带旅行带回的植物。

---

① 中美洲地区是北美洲的一个次级区域。现主要有七个国家属于中美洲：伯利兹、哥斯达黎加、萨尔瓦多、危地马拉、洪都拉斯、尼加拉瓜及巴拿马。

在柏林度过一年后，亚历山大追随哥哥前往哥廷根大学，威廉在那里已经学习了两个学期。尽管在哥廷根大学，官房学的枯燥程度不亚于奥得河畔的法兰克福，但这所格奥尔格 - 奥古斯特大学确有一些吸引听众的杰出人物。哥廷根最优秀的思想家之一就是古希腊语学家克里斯蒂安·戈特洛布·海恩（Christian Gottlob Heyne）。他首次为听众开辟了一个引人入胜的领域——希腊神话。那时，许多教授主要将古代文献翻译成德语，而海恩更进一步，重点研究了希腊和罗马的神祇和英雄。他不仅仅基于文字资料，还同时研究考古证据。海恩的文物研究方法在 18 世纪末的学术界掀起了一股热潮，史称"古典主义"（Klassizismus）。洪堡兄弟也被哥廷根大学的文物讲座所吸引：

当你聆听海恩讲述《荷马史诗》时，他那将上古神话娓娓道来的样子，论述人类童年的方式，以及他永不停歇地对荷马和摩西的比较——你会自然而然地生发出对旧约圣经的正确理解。海恩是我们这个时代最值得敬佩的人，他通过对年轻教师的教育和培养推动了宗教启蒙、促进了思想自由，以及文献考古学的起步。不仅如此，他还首次将美学与语言学结合起来。[10]

　　洪堡在 1789 年 8 月 17 日写给好友韦格纳的信中对海恩的评价也是对自身科学信仰的总结，即对任何形式的盲目思维的否定。这封信将《旧约全书》与古代文物进行比较。在海恩以及洪堡的眼中，神话是一种多元文化现象。在哥廷根的这段经历为洪堡理解世界各地的文化奠定了基础。对于自然科学家来说，考古证据（如几年后他在旅行作品[11]中描述的墨西哥阿兹特克女祭司的半身雕像）与古代纪念碑是同等重要的。

　　这种思维方式也是对任何形式的面向新世界的傲慢殖民的否定。自由主义思想（Liberalität im Denken）才是这封信中的关键概念，这一点并不奇怪。无独有偶，就在这封信写成的几周前，1789 年 7 月 14 日，巴士底狱被攻陷，法国大革命爆发了。在哥廷根，洪堡被卷入了一场思想变革的洪流，然而他当时根本没有意识到这场变革对他整个人生的影响。

　　亚历山大在哥廷根还听过另一位学者的讲座，他是物理学家格奥尔格·克里斯托夫·利希滕贝格（Georg Christoph Lichtenberg）。他自 1770 年以来一直担任哥廷根大学物理、数学和天文学教授。利希滕贝格学识渊博，教授广泛的自然科学学科，他还开展了气象学、天文学和化学的讲座。不过，他尤其喜欢实验物理学。他不将这门课用枯燥的方式传授给学生，而是生动活泼地呈现出来。为此，利希滕贝格在讲课中加入了许多实验，例如他会用放风筝的方式来演示雷雨电。

亚历山大·冯·洪堡感到在利希滕贝格的讲座和实践课程中像回到家里一样亲切。他还记得马库斯·赫尔茨的物理讲座和蒂格尔城堡首次安装的避雷针——因为利希滕贝格在自家的花园别墅也安装了这些装置。除了出色的教学外，利希滕贝格还引导听众进行严格的归纳式思考。实验是第一要务，学生们需要从实验中推导出物理定律。利希滕贝格坚决反对科学猜想，他还对拉瓦特的"相貌识读术"[①]（Physiognomik）嗤之以鼻：

苏黎世神学家约翰·卡斯帕·拉瓦特（Johann Kaspar Lavater）创立了一套相貌识读系统，试图根据人的外貌特征来识别人的性格特征。

---

① "相貌识读"是一个古希腊时期就已存在的概念，在欧洲历史上多用于对人类的面相进行解读，是一种带有较强主观判断的学说。

洪堡清晰的科学思维与利希滕贝格的思想完全一致。正因如此，[12] 亚历山大将他的第一本关于玄武岩地质调查的出版物[13] 寄给了他的老师利希滕贝格。然而，利希滕贝格没能在有生之年看到自己的学生声名鹊起。他于 1799 年 2 月 24 日去世，距离洪堡踏上研究之旅只有几个月的时间。

1789 年到 1790 年的冬季学期很快过去了。亚历山大只在哥廷根待了一个学期。第二年夏天，他就与哥哥介绍认识的格奥尔格·福斯特（Georg Forster）一起开始了第一次探险。他们二人穿越莱茵河，抵达荷兰和英格兰。这趟旅程促使洪堡立下决心——有朝一日要进行一次环球旅行。然而，由于职责所在，洪堡的这一愿望遥遥无期，洪堡仍须前往普鲁士的行政机构中任职。为了完善自己的官房学知识，他还必须在汉堡的约翰·格奥尔格·布施（Johann Georg Büsch）主管的商业学院完成一个学期的学习。因此，1790 年到 1791 年，他在这座汉莎城市① 度过了最后一学期。其间一次黑尔戈兰岛的 8 天旅行让他短暂地转换心情。1792 年春天，洪堡

---

① 汉莎城市（Hansestadt）泛指历史上曾加入过"汉莎同盟"的城市。此处与下文的"易北河畔城市"均指汉堡。

离开了这座易北河畔的城市，对于年近 22 岁的他来说，严肃的职业生涯即将开始。

格奥尔格·福斯特。约翰·海因里希·蒂施贝因绘，1782 年

1790 年 3 月 25 日，亚历山大·冯·洪堡与年轻的格奥尔格·福斯特一起踏上了研究之旅。他们从美因茨出发，途经莱茵河、荷兰，目的地是英国。洪堡从福斯特的经验中获益匪浅，福斯特比他年长 15 岁，曾随父亲莱因霍尔德（Reinhold）参加詹姆斯·库克（James Cook）的第二次环球航行。旅行期间，两位学者不仅研究自然现象，还关注欧洲的政治和社会状况。在绕道巴黎之后，他们于 1790 年 7 月 11 日返回美因茨。格奥尔格·福斯特在他的《1790 年 4、5、6 月下莱茵、布拉邦、弗兰德、荷兰、英格兰和法兰西的风景》（*Ansichten vom Niederrhein, von Brabant, Flandern, Holland, England, Frankreich im April, Mai und Junius 1790*）一书中描述了这次旅行。他的叙述风格深深影响了洪堡，后者在自己的著作《大自然的肖像》中也选择了这种散文式的文学形式。

第 4 章

地下世界的矿业工程师

天气热得越来越难以忍受，亚历山大装满仪器和书籍的背包也越来越沉。他已经马不停蹄地走了快两周，先到柏林，然后是勃兰登堡，最后到达图林根。1792 年对亚历山大·冯·洪堡来说是成功的一年，经过在奥得河畔法兰克福、哥廷根和汉堡的学习，他的天赋逐渐得到施展。他的母亲和家庭教师打算让他在普鲁士政府担任公务员，起初他并没有逃避。亚历山大用自己的方式坚持着，他不想再跟在哥哥的屁股后面了。一份普鲁士矿业部门的工作似乎对他再合适不过。

在萨克森选侯国弗赖贝格矿业学院接受了一年的培训后，他终于有机会探索地上和地下的世界，及其令人惊叹的自然现象。18 世纪的普鲁士幅员辽阔，最远可达弗兰肯地区。有些地方离柏林很远，但还不至于远到与家人失去联系。哥哥威廉当时在图林根，他于前一年在埃尔福特结婚，正在组建自己的小家庭。亚历山大不想再追随哥哥的脚步，而想被看作一个独立的个体，于是他满怀激情地开始了在普鲁士矿业部门的新工作。这个职位的诱人之处在于，他可以有很多机会外出。

1792 年 6 月初，他第一次出公差，前往勃兰登堡。现在，他又到埃尔福特出差，并在焦急地等待一封来自拜罗伊特的关于工作推进的指示公函。

终于，翘首以盼的信寄到了。任务是前往图林根的萨尔费尔德（Saarfeld）巡视一家涂料厂和一座名为"鹈鹕"（Pelikan）的煤矿。途中，他在耶拿与哥哥威廉碰面了，后者正暂住在弗里德里希·席勒（Friedrich Schiller）的家中。[14]

亚历山大与席勒的第一次会面可能是在席勒耶拿的房子里进行的。他是否在这次见面中给房子的主人留下了糟糕的印象，人们不得而知。6 年后，弗里德里希·席勒在给克里斯蒂安·戈特弗里德·科尔纳（Christian Gottfired Körner）的信中对年轻的亚历山大·冯·洪堡进行了毫不留情的批评：

亚历山大给许多人留下了深刻的印象，与他的哥哥相比，他通常胜一筹，因为他有一张能说会道的嘴巴，并且能够坚持自己的主张。但就真正的价值而言，我根本不会将他俩相提并论，因为在我看来，威廉更值得尊敬。[15]

1792 年 7 月 7 日，亚历山大正在前往图林根地区萨尔费尔德的"鹈鹕"煤矿的途中。当天烈日炎炎，旅途十分艰辛。亚历山大在高强度的旅行中弄伤了脚，但他想在凌晨 4 点早班开始前赶到煤矿。[16]

18 世纪矿井中的场景。木刻画

他如愿到达了煤矿，这趟图林根之旅也算不虚此行。在隧道里，亚历山大调研了层层叠叠的岩层。之后，这位矿业工程师便匆匆赶往图林根的其他煤矿。它们有着有趣的名字，如"新手的好运"（Frisch-Glük）、"意外之喜"（Unverhofte Freude）或者"铁约翰"（Eiserner Johannes）。[17] 亚历山大·冯·洪堡认为他所看到的岩层证实了 18 世纪末地球核心的形成理论。通过他的老师亚伯拉罕·戈特洛布·维尔纳（Abraham Gottlob Werner），他接触到了地质变化可能是受到水的影响的理论。在探查矿井的地下巷道时，这个理论在他看来是确凿无疑的，因为他能亲眼看到水对岩层的作用。

亚历山大·冯·洪堡尚在萨克森选侯国弗赖贝格矿业学院学习期间，他的科学世界观便得到了决定性的拓展。他于 1791 年 5 月 14 日向主管部门递交的申请很快得到批准，毕竟在普鲁士的贵族社会中，"冯·洪堡"这个姓氏很有分量。此外，亚历山大还在他的官房学专业学习中掌握了普鲁士行政系统的基本知识。[18] 为此，他于 1791 年 6 月 3 日前往萨克森选侯国的弗赖贝格，在当地的矿业学院学习了两个学期。亚历山大儿时的梦想正在一步一步变为现实。一方面，在国家矿业部门工作需要经常出差，许多技术难题无法坐在办公桌前解决，必须到现场才能决定；另一方面，萨克森选侯国弗赖贝格矿业学院配备了现代的自然科学院系。未来的矿业工程师们要接受地质学、物理学、植物学和化学等科目的培训，这些都是亚历山大特别感兴趣的学科。

弗赖贝格矿业学院的一位杰出权威是学者亚伯拉罕·戈特洛布·维尔纳，[19] 他不仅向学生传授采矿的实践知识，而且还在研究 1800 年前后最关键的科学问题之一，即世界的起源。根据神学家和圣经的记载，陆地最初是由水形成的，正如在《创世记》一书中创世第三天所描述的那样。[20] 然而，几个世纪以来，自然科学家们对旧约的陈述越发有了理解上的困难。例如，耶稣会士阿塔纳修斯·基歇尔（Athanasius Kircher，1602—1680 年）试图计算大洪水发生所需要的降雨量。[21] 他遇到了科学的限制，因为根据他的计算，这样的降雨量是不可能的。作为一名神学家，他提到了上帝的无所不能，可以超越任何数学计算。

萨克森选侯国的弗赖贝格，亚历山大·冯·洪堡的研究地点
（1791—1792 年）。彩色铜版画，约 1820 年

在天主教和新教的神学家眼中，一直到 18 世纪，
《圣经》都是绝对真理的来源。然而，在创造世界的问
题上，情况要比大洪水更为复杂。

洪堡在萨克森选侯国弗赖贝格矿业学院的老师维尔
纳提出了自然科学论据，支持《圣经》中关于世界起源
于水元素的观点。石灰岩土壤中的许多化石不就是某些
地区曾经被大海统治的证据吗？否则，像菊石这样的海
洋生物怎么会出现在德意志南部的田野里呢？

洪堡最初赞同他的老师维尔纳关于地球形成的
理论，因此属于"海神派"（Neptunisten，即"水成
论"），他们认为地球及其地貌是水元素造成的。大约

在同一时期，"火神派"（Vulknisten，即"火成论"）形成了一个对立派别。他们认为地球的形成是火元素的结果。它的外部表现是火山和地震，而这些会引起地球构造的巨大变化。两大阵营在进行科学辩论时，不单以事实作为论据，争论的背后实际上是相互对立的两种世界观。"海神派"的一位重要代表人物就是约翰·沃尔夫冈·冯·歌德（Johann Wolfgang von Goethe）。[22]

> 约翰·沃尔夫冈·冯·歌德在《浮士德》中探讨了自然科学的主题。在悲剧的第二幕中，希腊哲学家泰勒斯和阿那克萨戈拉在"古典的瓦尔普吉斯之夜"场景中登场：泰勒斯用水元素解释了整个世界的起源："在潮湿中，生命诞生了"，而阿那克萨戈拉则将地球的诞生视为火的作用："这块岩石是穿过火雾而形成的。"这两位哲学家代表了两种不同的地球形成理论，即火神学说（也称为冥神学说）和海神学说。作为火神派，阿那克萨戈拉认为火的优势在于加速地质形成过程。而泰勒斯则反驳说，自然界中的"生命的川流不息"恰恰需要时间这一要素。

根据歌德的思考，一个反对"火神派"的事实是，火元素总与剧烈和突然的变化联系到一起。在魏玛学者看来，"水元素"与之相反，代表事物的渐进变化。在这场争论中，人们当然也把政治结构纳入了考量。歌德将"火神派"的破坏性效应与法国大革命进行了比较。他更倾向于温和持续的转型，对他来说，水元素能够体现出这种变化。

亚历山大·冯·洪堡能够将世界观和自然科学区分开来。对他来说，最重要的是科学证据。只要没有科学依据，他就会以开放的心态看待任何问题。在弗赖贝格矿业学院学习期间，他是"海神学说"的支持者。他的老师亚伯拉罕·戈特洛布·维尔纳肯定了他的观点。然而，亚历山大这位未来的自然科学家在热带之旅中参观了南美洲和中美洲地区的多座火山，这为他后来支持地球形成的"火神学说"提供了论据。

抵达弗赖贝格仅仅 14 天后，亚历山大不得不离开这座城市。1791 年 6 月 29 日，他的哥哥威廉在埃尔福特举行了与卡洛琳·冯·达切罗登（Caroline von Dacheröden）的婚礼。这位年轻的新娘来自图林根贵族家庭，[23] 在未来的婆婆和家庭教师昆特看来，她是长子的理想妻子。对于洪堡兄弟人脉网的另一个有利条件是卡洛琳与席勒的未婚妻夏洛特·冯·伦格菲尔德（Charlotte von Lengefeld）相识。通过这两位妻子，弗里德里希·席勒和威廉·冯·洪堡之间建立了相互尊重的友谊。因此，在席勒看来，哥哥威廉比弟弟亚历山大更出色。席勒在给科尔纳的信中写道：

　　我很高兴听到您与威廉的交往如此愉快。实际上，他也很适合与人交往，他对事物有一种罕见的纯粹的兴趣，能唤醒每一个潜在的想法，使一个人作出最明确的判断，同时避免了片面性，并且通过罕见的技巧来理解和审视你的思想，从而回报了你为澄清自己所做的一切努力。[24]

威廉·冯·洪堡（1767—1835 年）。约翰·戈特弗里德·沙道绘，1802 年

威廉·冯·洪堡和弗里德里希·席勒的家人在耶拿共同生活了一段时间，不久便分开了。卡洛琳·冯·达切罗登与她未婚夫的弟弟亚历山大的关系似乎并不融洽。在当时写给未婚夫的一封信中，卡洛琳讲述了亚历山大的复杂心思。他充沛的情感给她留下了深刻的印象，比她想承认的还要多：

我被亚历山大的信感动了，其中生动的情感让我感到惊讶。不要以为这会让他成为我更喜欢的人，肯定不会的。他给我的信不值一提，我不会把它寄给你。我已经给他回信了，我想他会有封更好的回信。他自以为对我们的结合作出了贡献，就让他沉浸在这种幻想中吧。可别笑了（Il ne faut pas se moquer de tout le monde）。如果他还乐在其中地说服妈妈（让我们结合），那就让他自己偷着乐去吧。也许他也并没有完全说错。妈妈本来可能真的给你安排了其他的结婚对象，她认为这对你的未来人生更有利。我也不知道，谁知道妈妈和昆特的脑袋里到底想了什么？[25]

卡洛琳的陈述表明，亚历山大在弗赖贝格的矿业学院学习之前一直在扮演一个角色。他觉得自己不如哥哥威廉，于是想尽办法吸引别人的注意。他在母亲和家庭教师面前给哥哥做媒，显然是想说服他们同意这门亲事。亚历山大确实触动了年轻未婚妻的神经，因为她自己也怀疑自己能否满足冯·洪堡家族的要求。我们姑且不论这只是二十多岁年轻人的情感波动，卡洛琳的信至少表明，亚历山大在哥廷根完成学业前不久仍在寻找自己的未来，威廉则已经在生活中站稳了脚跟。

这件事情过去两年后（1791 年），情况有所改变。亚历山大暂且找到了自己的职业道路，并前往埃尔福特参加哥哥的婚礼。他尊敬的老师维尔纳建议他把兴趣和实际生活结合起来。为了确保学业的中断不会影响自己未来作为工程师的知识水平，亚历山大听从维尔纳的建议，在前往图林根的旅途中开展地质调查。

在从埃尔福特回到弗赖贝格后，亚历山大还碰到了他在奥得河畔法兰克福的同学韦格纳。1791 年 8 月，他与同学约翰·卡尔·弗莱埃斯莱本（Johann Carl Freiesleben）一起前往波希米亚旅行。一年后，矿业学院培训结束，亚历山大于 1792 年 2 月 27 日回到柏林。

大约一周后，他被普鲁士矿业部门认定为"有表决权的评审员"（Assessor cum voto）。亚历山大迅速晋升，仅仅 6 个月后，他就被提升为弗兰肯公国的首席矿业监察员。18 世纪末，位于安斯巴赫 - 拜罗伊特（Ansbach-Bayreuth）的弗兰肯公国属于普鲁士。该地区的行政首脑是后来的国务首相卡尔·奥古斯特·弗莱赫尔·冯·哈登贝格（Karl August Freiherr von Hardenberg）。他派亚历山大·冯·洪堡在德意志南部和中部进行了多次旅行和考察。1792 年，他的众多考察地点中就有萨尔费尔德附近的"鹈鹕"煤矿。

正如亚历山大在写给他曾经的同学弗莱埃斯莱本的一封信中所说，在国家矿业工作，除了需要科学知识外，还需要良好的身体素质：

……一天之内，（我）徒步从萨尔费尔德往返一个来回，顶着酷暑，从清晨 4 点一直走到傍晚 6 点，去过了"鹈鹕""新手的好运""意外之喜""铁约翰""暗黑"（Dünkler）和一条隧道。我的一只脚真的要废掉了，但会好起来的。[26]

1793 年 5 月 24 日，亚历山大·冯·洪堡来到拜罗伊特，在柏林逗留了相当长时间后，他终于拿到聘书，走马上任弗兰肯公国的首席矿业监察员。他搬进了巴特施特本（Bad Steben）的一座庄园，这是为安斯巴赫 - 拜罗伊特藩侯建造的狩猎别墅。在那里，他终于有时间从旅途劳顿中抽身休息，并开始写手稿。[27]

随后的 3 年里，他开展了很多专业研究。慢慢地，第一批科研成果开始涌现。1790 年《对莱茵河畔玄武岩的矿物学观察》（*Mineralogischen Beobachtungen über einige Basalte am Rhein*）[28] 一文的发表让亚历山大获得了学术界的认可。而他在弗赖贝格学习期间撰写的《弗赖贝格植物标本》（*Florae Fribergensis specimen*）[29] 也获得了成功。他对地下植物的关注使他进入了一个全新的研究领域，即生命本身的问题。

科学荣誉接踵而至，这位年轻的学者在年仅 24 岁时就成为利奥波德 - 卡洛琳自然科学院（Leopoldinisch-Karolinischen Akademie）的会员，不久后又成为柏林自然科学自由人协会（Gesellschaft Naturforschender Freunde zu Berlin）的成员。在弗兰肯地区，他逐渐摆脱了哥哥的影子，与家人关系也开始融洽起来。威廉住在图林根的耶拿，离上弗兰肯地区不远。在上弗兰肯地区的日子里，亚历山大还结识了另一位男性朋友——普鲁士官员莱因哈特·冯·海夫腾（Reinhard von Haeften），后者常常在巴特施特本拜访他。

巴特施特本的洪堡故居（洪堡在弗兰肯担任首席矿业监察员时的居所）。摄影：彼得·舒佩尔，约 1980 年

职场上春风得意，1794 年 4 月，他被提升为矿务专员（Bergrat），一年后晋升为首席矿务专员（Oberbergrat）。有了这个职位，他之前的矿业工程师以及首席矿业监察员的职责就被免除了。这意味着旅行和实地巡查从现在开始不再是他的必要职责。

然而，正是这一职责的不再必要刺激到了亚历山大，他可不想在书桌前度过余生。亚历山大·冯·洪堡于 1795 年 7 月 17 日启程前往意大利和瑞士旅行，与歌德一样，这既是一次逃离，也是对远方的向往。

亚历山大·冯·洪堡（26 岁）。弗朗索瓦·热拉尔绘，1795 年

第5章

远征前夕

耶拿，昏暗的演讲厅。3月的阳光透过窗帘上的窄缝向室内投射出微弱的光线。在场的人都紧张地忙碌着。亚历山大·冯·洪堡站在讲台上，正在对他的实验装置进行最后的调试。威廉·冯·洪堡和歌德坐在第一排，兴致勃勃地交谈着。这次实验展演只邀请了来自耶拿和不远处魏玛的二十多人来参加。歌德是萨克森-魏玛-爱森纳赫公国的宫廷文化官员，他亲自挑选了来宾，邀请卡上有他的签名。亚历山大表面平静，内心却异常紧张。威廉用和善的眼神安抚他，歌德自顾自地哂笑。亚历山大一会儿看看怀表，一会儿看看大门。观众们在等待魏玛公爵卡尔·奥古斯特（Herzog Carl August von Weimar）的到来，正是歌德说服他参加这次关于电化作用理论（Galvanismus，也称伽伐尼主义）和生命力理论（Lebenskrafttheorien）的活动。

在公爵面前进行演讲和电流实验是年轻的自然科学家亚历山大·冯·洪堡职业生涯的一个里程碑。根据其著作《受刺激的肌肉和神经纤维实验》（*Versuche über die gereizte Muskel-und Nervenfaser*）[30]，我们可以很好地了解这位年轻科学家的电流仪器。实验装置由神经肌肉标本和金属导体组成。将金属棒与仍然湿润的肌肉接触，会引起肌肉抽搐。实验的大背景是为了寻找一个解释——地球上的生命是如何产生的？教会和基督教义对涉及人类存在的这些问题已经给出了明确的答案。

教会认为，上天指挥一切过程，赋予生命，也夺取生命。17世纪，医生格奥尔格·恩斯特·斯塔尔（Georg Ernst Stahl）[31]将"阿尼玛"（anima，意为"灵魂"）视为所有生命过程的控制要素。在他眼中，灵魂代表着生命力，控制着人类和动物的所有过程，如呼吸和运动。然而，在18世纪下半叶，人们对斯塔尔的理论产生了极大的怀疑。医生和自然科学家阿尔布雷希特·冯·哈勒（Albrecht von Haller）[32]深入研究了肌肉的运动和神经的刺激性。他得出的结论是，人类体内并没有所谓的

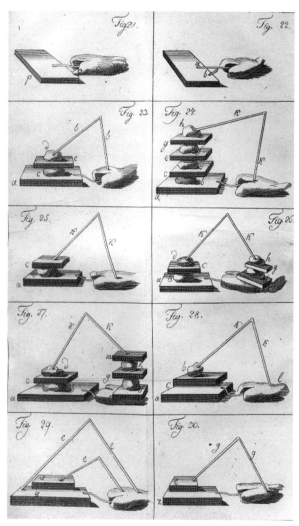

洪堡用肌肉和金属导体进行的电流实验的各类变体。根据洪堡著作《受刺激的肌肉和神经纤维实验》制作的铜板雕刻画，第 1 卷，图 III

生命力，也没有灵魂支配。根据哈勒的理论，如果人的肢体（如手臂）被切断，当事人会失去身体的一部分，但是灵魂不会受损。

来自博洛尼亚的医生兼自然科学家路易吉·伽伐尼（Luigi Galvani）的研究更进一步。他将动物的部分肌肉和神经与金属导体连接起来，就像后来的洪堡一样，观察到了肌肉的相应收缩。伽伐尼从这些实验中得出的结论部分驳斥了现代的生命力理论。这位来自博洛尼亚的物理学者认为，引发肌肉抽搐的力量源于动物本身的质量。虽然这一新的理论与斯塔尔的"阿尼玛"理论并不一致，但它仍然认为肌肉运动是由动物机体引起的。因此，这位学者将电导液（Galvanishes Fluidum，也称"伽伐尼流体"）[33] 称为肌肉中的作用力。洪堡认可伽伐尼的研究，不过他也认识到对肌肉抽搐有影响的连接金属的重要性，这让他的思想非常接近伏特电堆的原理。物理学家亚历山德罗·伏特（Alessandro Volta）[34] 在研究的基础上得出结论，抽搐不是由肌肉组织的质量引起的。归根结底是由于两种金属之间的电化学电位差。洪堡认识到了不同金属的重要性，但他还不敢驳斥"伽伐尼流体"理论。歌德和公爵对这位年轻研究员 1797 年 3

月在耶拿进行的实验展演非常满意。

洪堡的职业之路注定直通首都柏林的中央部门。1795 年 5 月 1 日晋升为首席矿务专员后，他不再负责煤矿的基础工作。他的上司卡尔·奥古斯特·冯·哈登贝格是负责普鲁士弗兰肯公国行政管理的官员，一年前曾在普鲁士驻莱茵 - 美因地区（Rhein-Main）外交使团中对洪堡有过颇多关照。尽管洪堡环球探险的梦想从未消散，他在弗兰肯的生活还是将他拉进了魏玛古典主义学派的人际关系网。

威廉·冯·洪堡在耶拿与席勒相识，歌德也在不远处的魏玛，因此亚历山大在 18 世纪 90 年代就与魏玛的学术界有了接触。1794 年 3 月，当他去耶拿探望哥哥威廉时，第一次见到了歌德。由于这位枢密顾问（Geheimrat）自意大利之行后对植物学[35]越来越感兴趣，他和亚历山大很快找到了共同话题。

除此之外，歌德还涉猎许多亚历山大掌握的自然学科。然而，我们应该始终牢记一个重大区别：洪堡是一位训练有素的科学家，他在研究中采取经验主义的方法。他首先进行实验，然后推导出物理化学定律。而歌德则主要受到哲学理论的影响。荷兰哲学家斯宾诺莎[36]的学说是他做自然研究时的首要研究对象。而歌德，这位枢密顾问关注整体论，并将科学事实应用于人类社会。他的诗作《植物变形记》（*Metamorphose der Pflanzen*）[37]详细描述了一片叶子到一株植物的形成过程，但在诗句的结尾，他将这一过程与他对爱人的感情发展联系起来。在小说《亲和力》（*Wahlverwandtschaften*）中，他将化学现象——"元素之间的亲和力"这一主题转移到了人物的四角关系上。

洪堡对这种臆测不屑一顾，他是一个注重事实、观

郁金香属植物，叶片和花器官的融合证实了歌德的植物学论断："万物皆叶"。水彩画，约翰·沃尔夫冈·冯·歌德绘，1795 年

歌德的科学思想受到出生于阿姆斯特丹的哲学家巴鲁克·德·斯宾诺莎（Baruch de Spinoza，1632—1677年）的影响。斯宾诺莎思想体系的基础是要求用精确的几何数学方法来解释哲学事实。物质自生、自立于世界顶端，人可以通过精神属性（思维）以及物质属性（延展）来感知它。排在最后的是模式（Modi），例如智力和意志。在这个严谨的体系中，上述这三个层次是紧密相连的。上帝存在于每一个精神属性，以及物理空间的延伸中。这一体系被概括为"Deus sive Natura"（上帝或自然）。洪堡拒绝了这种纯属推测的思维体系。

察和测量的人。歌德对实验[38]本身持怀疑态度，他更喜欢从一般性的想法出发；洪堡则是不断地进行实验，直到他得出结论为止。抛开这些根本分歧不谈，歌德和洪堡相处得很好，两位学者之间的通信持续了几十年，二人都具有尊重对方个体和科学独立性的伟大人格。

洪堡与席勒的关系则截然不同。纵观诗人席勒的职业生涯，人们会认为他与洪堡的精神世界有很深的渊源。席勒是一名训练有素的医生，曾在斯图加特的高等卡尔学院（Hohen Karlsschule）[39]学习。席勒与洪堡一样，认为人类和动物的生理过程不能单纯归因于生命力。席勒对这一问题进行了深入思考，他冷静而客观的思维使他对人体具有现实的认识。他的第二篇博士论文[40]涉及发热性疾病的理论。在这篇论文中，他探讨了生命力在严重的甚至导致死亡的身体疼痛中应发挥何种作用的问题。作为一名训练有素的医生，席勒对年轻学者亚历山大·冯·洪堡的电化研究非常感兴趣。他对神经和肌肉刺激的实验促进了生物化学学科的建立，该学科用物理和化学定律解释所有生理过程。然而，由于这两门科学在 18 世纪晚期还不够发达，无法为化学理论提供定性的证明，因此洪堡对自己的理论仍持谨慎态度。最终，亚历山大利用自己的电化研究，为生命过程的物理化学解释提供了证据。

大约在 1795 年，弗里德里希·席勒邀请亚历山大·冯·洪堡为刊物《季节女神》（*Die Horen*）撰写文章。当时，被后世称为"魏玛古典主义"时代的知识分子领袖们都在为这份刊物撰稿。洪堡为自己的文章选择了一种他作为科学家一生中绝无仅有的表达形式。他以寓言故事的形式探讨了生命的力量，并将其命名为"生命力，或罗得岛的格尼乌斯 ①"（*Die Lebenskraft，oder der rhodische Genius*）[41]：

---

① 格尼乌斯（genius）是古罗马时期神话概念中的一种守护神，是存在于每个人、每个地方和每件事物中的普遍神圣本质的个体表现。该概念后来被引申为人类中的天才，亦在文学中有"人杰地灵"等意思。

锡拉库萨人（Syrakuser）像雅典人一样拥有自己的彩绘柱廊（Poikile）。……人们不停地涌向那里。……在锡拉库萨人辛勤地从祖国各地收集来的无数画作中，唯有一幅，在整整一个世纪的时光里吸引着往来过路人的瞩目。如果崇拜者没有围绕着奥林匹亚的朱庇特，那么他们就会挤在那幅图画的周围。这种执迷于一物的偏好从何而来？……

　　人们总是惊叹并钦佩他们所不能理解的事物，这样的情况在社会的各个阶层都有。半个世纪以来，这幅画一直挂在那里，但其含义却始终无法破译。人们甚至不知道它曾经立于哪座庙宇。因为它是从一艘搁浅的船上捞出来的；……

　　在这幅画的前景中，少年和少女们密密麻麻地挤在一起。他们赤身裸体，身材姣好……。他们的头发上简单地装饰着树叶和野花。他们渴望地向彼此伸出手臂，但他们严肃而阴郁的目光却投向了一位盘旋在他们中间、周围散发着光辉的格尼乌斯……。他傲慢地俯视着脚下的少男少女。……

　　在锡拉库萨，人们对"罗得岛的格尼乌斯"这一神秘形象有诸多解释。……有些人认为格尼乌斯表达的是精神之爱，禁止享受感官之乐；另一些人则认为它代表的是理智战胜欲望。……

如此，这个谜团始终悬而未决。这幅画被复刻并添加了许多内容，而后被送往希腊，但并未有人澄清其来源。当昴宿星团初升时，爱琴海的航运重新开放，来自罗得岛的船只抵达锡拉库萨港。船上装有古希腊酒神狄俄尼索斯（Dionyse）出于对艺术的热爱在希腊收集的雕像、祭坛、烛台和绘画作品。在这些画作中，有一幅一眼就能认出是"罗得岛的格尼乌斯"。这幅画与原作尺寸相同，色彩相似，只是颜色保存得更好。格尼乌斯站在中央，但没有蝴蝶环绕，他低着头，熄灭的火炬垂向大地。少男少女们围成一圈，越过他，用不同的方式拥抱着彼此；他们的目光不再呆滞、顺从，而是预示着一种狂野的释放，一种渴望已久的满足。

锡拉库萨人委托哲学家埃皮马库斯（Epimarchus）解开谜题。他属于毕达哥拉斯学派，这位学者比较了这两幅画。在第一幅"罗得岛的格尼乌斯"作品中，他看到了胜利的生命力，而尘世的元素必须服从这种生命力。画中的少男少女们为这一胜利感到悲伤：

走近我，我的学生们，从罗得岛的格尼乌斯身上，从他充满青年力量的表情中，从他肩上的蝴蝶中……，认识到生命力的象征……他脚下的尘世元素努力追随自己的欲望，彼此交融。格尼乌斯用高高举起、熊熊燃烧的火炬来威胁他们，强迫他们遵守他的法则，而不顾他们自古以来的权利。

在哲学家眼中，第二幅画代表着生命力的死亡。年轻人欢欣鼓舞，因为尘世的元素不再受控制：

……把你的目光从生的形象转向死亡吧。蝴蝶飘然离去，火把颓然熄灭，青年头颅低垂。灵魂驾鹤西去，生命力已然消逝。现在，少男少女欢乐地携手。现在，尘世元素开始行使它们的权利；……（生命的）死亡之时倒成了它们的新婚结合之日。

乍一看，人们可能会认为洪堡在这个故事中描绘的是对死亡的赞美，生命力的消逝唤起了画中年轻人的喜悦。然而，这位自然科学家另有所指，这其实是关于尘世物质的胜利和自然法则的解放。与之相反的则是限制物质和分子自由的生命力。

这样的描述让席勒产生了剧烈的抵触。人在原子层面的解体被描绘成一场让人欢欣鼓舞的胜利。死亡被描绘成一种过渡，并非形而上学意义上的过渡，即升到另一个世界，而是科学上的阶段性逆转。在洪堡的叙述中，原本是超验的"记住你是尘土，并将归于尘土"[42]变成了内在的寓言。按照希腊哲学家德谟克利特（Democritus）[43]的理论，这是一个关于自由运动的原子游戏，体现在所有的生命过程中。这种近乎唯物主义的人类观与席勒的思想背道而驰。在1797年8月写给科尔纳的信中，诗人对亚历山大·冯·洪堡做出了严厉的批评："这赤裸裸的、尖锐的理智无耻地想要去衡量可敬可畏、神秘莫测的大自然……他没有想象力，所以在我看来，他缺乏他那套科学研究里最必要的力量——因为大自然须在其最独特的现象，就同在其最高的法则中一样，去观察、去感受。"[44]

席勒的分析非常尖锐，抓住了要害。亚历山大·冯·洪堡发表在《季节女神》的寓言故事对生命力理论本身提出了质疑。对于自然科学家来说，有生命的过程和无生命的过程并无区别，万物最终都遵循同样的规律。这种思维方式在 21 世纪被普遍接受，在严格的科学概念模式中，上帝（这个概念）既不可证实也无法证伪。

然而席勒为什么如此抵触"罗得岛的格尼乌斯"寓言故事？难道这与他自己的想法不一致，而他自己的想法其实也否定了斯塔尔关于万物有灵的"阿尼玛"的假设？难道席勒对美学的追求不允许他从严格的科学世界中得出最终结论？对于这个问题的答案，有一个从今天角度看来合乎逻辑的推论：个人动机影响了席勒对亚历山大·冯·洪堡的判断。歌德对这位年轻有为的探险家给予了很高的评价，他认为洪堡才华横溢。他把亚历山大·冯·洪堡称为"科学的丰饶角①"（wissenschaftlichen Füllhorn），[45] 因为他涉猎广泛、学富五车。歌德这位普世主义者对这类人才情有独钟。然而，席勒却有不同的看法。他对洪堡的交流能力不以为然，而与语言学家威廉·冯·洪堡接触更多。席勒还满怀嫉妒地监视着，确保他与歌德来之不易的友谊不会受到第三方的干扰。因此，他对年轻的亚历山大·冯·洪堡与他魏玛朋友们的亲近充满了强烈的嫉妒。这种反感导致他浪费了大好机会。

―――――――――――
① 丰饶角，又名"丰饶羊角"（Cornucopia），形象为装满鲜花和果物的羊角（或羊角状物）。

魏玛古典主义，从左至右依次为在耶拿的弗里德里希·席勒、威廉和亚历山大·冯·洪堡以及约翰·沃尔夫冈·冯·歌德。W. 阿兰德于 1796 年根据安德里亚斯·穆勒的画作绘制的木刻版画

受到席勒抵触的不仅仅是亚历山大·冯·洪堡这个人，还有他的专业领域。尽管歌德作为人文学者还继续与这位自然科学家保持着非常密切的联系，但在 1800 年前后，人文历史的进程痛失了一个绝佳的交流融合机会。[46] 自然科学者和人文学者变得越来越疏远，科学分野日益固化，一直持续至今。洪堡就是这样走到了他人

生的十字路口，纵然他没能与席勒走同一条路，"亚历山大·冯·洪堡"在科学界也已青史留名。诚然，从长远来看，纯粹以实证为导向的研究并不是他心之所向。

1796 年年初，他写道："我的世界物理学构想"（Je conçus l'idée d'une physique du monde）。[47] 这句话不容易翻译。科学史学界对最后三个词的含义进行了深入探讨。"physique du monde"（世界物理学）[48] 一词与现代的"物理学"一词关系不大。洪堡关注的是对世界的整体描述，而不是部分或局部，这就是为什么正确的翻译可以用"物理地理学"（Physikalische Geographie）来表述。从方法论上讲，这种描述应使用他当时可用的所有测量工具。这包括高度测量仪、气压计和湿度计等物理仪器。它还包括对岩石和矿物的分析，以及对动植物群的概述。"physique du monde"一词最终成了一个综合性的科学术语，从现代角度来看，它包含了自然地理这个巨大的研究目标，在 1800 年前后几乎不可能实现。为了实现这一目标，洪堡希望周游世界，亲自收集相关数据。

1791 年至 1792 年，洪堡在弗赖贝格矿业学院度过的时光，以及他自己作为矿业工程师进行的科学研究，都是他作为学者为将来完成更伟大的任务而进行的初步锻炼。洪堡不想在办公桌前做一名普鲁士高级公务员来度过余生，但他也不认为自己一生的工作就是解剖青蛙和观察肌肉抽搐。他是普世主义者的原型，希望描绘出一幅世界全景图。但要获得整个世界的图像，必须进行探险。毕竟，收集数据，开展测量和评估都需要花费很多时间。从根本上来说，这是一个人毕生的使命和工作。洪堡是一个普世主义者，也是一个现实主义者。在普鲁士国家系统工作期间，他无法实施自己的计划。作为公务员，他在1795年7月至11月与朋友们一起绕道意大利和瑞士（做研究）倒是有可能实现，但普鲁士当局不会允许他开展环球旅行。

然而，1796年发生的不幸让他的愿景得以实现。1796年11月19日，他的母亲玛丽－伊丽莎白·冯·洪堡在柏林去世。年初，她就因乳腺癌而健康恶化，哥哥威廉、嫂子卡洛琳和亚历山大本人都在蒂格尔城堡陪护她。洪堡于2月被冯·哈登贝格部长召到柏林。1796年对于年轻的洪堡来说似乎并不是一个好年头。母亲的重病让他意识到自己的脆弱，在柏林逗留期间，他向市法院递交了母亲的遗嘱。回到拜罗伊特后，他因发烧感染而病重。但在这个夏天，他倒也有所成就：洪堡代表普鲁士完成了一项政治使命。他与进入符腾堡的法国军队指挥官成功地进行了谈判，使他们尊重弗兰肯公国的中立。

秋天，洪堡在伯内克矿上遭遇了几乎丧生的严重事故。作为采矿工程师他很清楚爆炸性气体对隧道造成的危险。为了能够更快地识别"雷暴"[1]，亚历山大几年前就造了一种安全灯。它能与危险的碳氢化合物的混合气体发生反应，并燃烧产生明亮的火焰。我们的工程师和设计师对安全灯的功能过于激动和自信，以至于他忘记了其中的危险：

令我非常高兴的是，实验成功了！安全灯在恶劣的天气里依然明亮地燃烧。我很好奇，想亲自去"朽木"（das faule Holz）的现场……。我爬了进去。埃伯哈德·弗里德里希·雅各布·基林格（Eberhard Friedrich Jacob Killinger）不得不留在外面，因为他在"纳乐赫费尔"（Nailaer Refier）所做的类似实验中得的病还没好。

我来到现场，放下灯，在它的光芒中无限欢欣鼓

---

[1] 此处"雷暴"（Schlagende Wetter）指地下采矿中甲烷等爆炸性气体遇火源引发爆炸的情况。

舞。之后我感觉到很累，头晕目眩，左右摇摆，最后跪在灯旁边。我应该是呼叫了基林格的，我完全没想到会这样。他在黑暗中找寻我，发现我晕倒在灯旁。然后把我拉了出来。被光一照，我就醒了过来。我感觉像醉了，浑身疲乏，足足持续了两天，但后来我没有感到任何后遗症。……当然，这都是我的错……，总之，一切

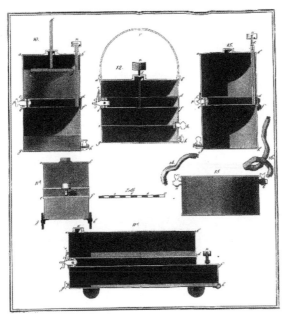

洪堡用于探测爆炸性气体的安全灯。收录于洪堡的《论地下气体及其有害影响的最小化方法》(*Über die unterirdischen Gasarten und die Mittel ihren Nachtheil zu vermindern*)，铜版雕刻画，图 II，1799 年

都结束了，当我醒来时，看到灯仍在燃烧。晕倒也许是值得的。[49]

洪堡在给他弗赖贝格的同学约翰·卡尔·弗莱埃斯莱本的信中描述了这次事故。信中说到，研究员想测试安全灯的功能。为了测量安全灯在危险气体附近能燃烧多久，他冒了生命危险。这次事故几乎是对他未来探险的史诗般的预言。这属于洪堡采矿工程师时光的最后几段叙述。几年后，他将不得不面对热带地区更加危险的自然现象。洪堡不仅是一位跨界科学家，为了研究工作，他从不畏惧任何艰难险阻，无论是在矿山、安第斯山脉还是热带雨林。

1796 年 11 月 24 日，洪堡在弗兰肯获知一个不幸的消息，她的母亲 5 天前去世了。深深的惊愕和悲伤却并没有袭来。一天后，在给他的朋友弗莱埃斯莱本的一封信中，他详细叙述了他的矿井灯的完美情况。然后是附上的一段文字：

我今天只能补充一点，昨天，我母亲去世的消息传来了。我已经做了很长时间的心理准备。这并没有打击到我，反而令我欣慰的是，她所受的痛苦如此之少。她只病倒了一天，只比平时更疼了一天，就安详地离开了人世。我的挚友，你知道，我的心并不会震颤。我和她彼此一直貌合神离，但谁又不会为他人的不幸和无尽的痛苦有所感触呢？我在此热情地拥抱你。[50]

亚历山大·冯·洪堡与母亲的关系并不融洽，母亲不承认他的真正才能，却把他推向公务员的岗位。矿业工程师的职业是一个妥协的选择，一方面满足了母亲和老师的要求，另一方面又能施展自己的才能。可以理解的是，亚历山大在 1796 年底脱离了普鲁士公务员系统，实现环球伟大远征的目标指日可待。

第二年年初，洪堡和他的哥哥一起住在耶拿，在那里他继续他的动物电流实验。其间的亮点是魏玛公爵卡尔·奥古斯特出席了他的实验展演讲座。6 月，由家庭教师昆特将母亲的遗产分配给兄弟俩后，亚历山大终于可以无忧无虑地展望未来了。继承的巨额财产使他余生足以作为私人学者（Privatgelehrter）[①]工作。现在，为期两年的远征准备期开始了。

① 指不受雇于任何机构，仅靠自家财产做研究的学者。

第 6 章
从西班牙到新世界

初夏的闷热逐渐褪去，宜人的凉爽缓缓袭来。茂密的浓绿色植被，与特内里费岛[①]上空的蔚蓝天空交相辉映，形成奇妙的对比。洪堡和他的旅伴——法国人艾梅·邦普兰（Aimé Bonpland）经历了许多艰难险阻才抵达了第一站的目的地。洪堡度过了一段坎坷的时光，他如同古希腊神话中的坦塔罗斯（Tantalos）那样，由于犯错而被众神放逐到了冥界塔尔塔罗斯。在那里，坦塔罗斯被惩罚站立在一个水潭边。当他口渴难耐想要喝水时，水却消失了。如果他伸手去摘水潭上面的累累果实——梨、石榴或无花果时，水果也会突然消失，就这

---

① 特内里费岛（西班牙语：Tenerife），是西班牙位于靠近非洲海岸大西洋中的加那利群岛 7 个岛屿中最大的一个岛屿，也是西班牙人口最多的岛屿。

样，饱受折磨的坦塔罗斯只得继续忍受饥饿和干渴。

洪堡这几年的岁月也非常相似。他有足够的财力和充足的时间开展他伟大的探险，然而就在他以为目标触手可及时，命运却将他捉弄。就在他以为马上就要达到目标的时候，新的障碍又使他无法出发。1799 年，洪堡终于取得了突破，他第一次踏上了远离欧洲大陆的土地。他们先前登上的格拉西奥萨岛植被稀疏，幸好那只是特内里费岛美丽景致的温和前奏。洪堡和他的旅伴感觉自己仿佛来到了一个新世界。然而，海上已然潜伏着第一个危险。

1799 年 6 月 5 日，洪堡和邦普兰乘坐的"皮萨罗"号（Pizzaro）护卫舰从西班牙北部港口城市拉科鲁尼亚出发，船上悬挂西班牙国旗。6 月 8 日傍晚，洪堡屏住了呼吸，因为桅杆上传来消息："英国舰队在东南方向！"[51] 当时英国和西班牙已交战近 3 年。面对英国海军，"皮萨罗"号连一丝胜算也没有。英国不会尊重一个为了科学目的而探索西班牙在南美洲和中美洲属地的自然科学家的利益，他甚至可能被当作间谍逮捕。当"皮萨罗"号减速时，洪堡已经设想到自己被英国人俘虏的样子。但英国人似乎没有注意到这艘西班牙护卫舰，因为它与英国舰队的距离在不断拉远。幸运的是，夜幕降临了，船长下令关掉船舱的灯。亚历山大本想利用晚上的时间进行测量、记录观察结果，并利用他的小型科学图书馆为远航做准备。然而，只要不被英国人发现和俘虏，他还是愿意接受这份在黑暗中无所事事的代价。

两个多星期后，与英国舰队的恐怖遭遇早已抛之脑后。洪堡和邦普兰终于得偿所愿，在海上将特内里费岛和泰德峰（Pico del Teide）火山的景色尽收眼底：

> 我们掷了几回铅锤之后就抛下了锚，因为雾太大，几条缆绳开外就几乎什么也看不到了。但就在我们要与此地告别时，浓雾忽而间散去，在云层之上的一片晴空中，泰德峰现身了，我们还未看到太阳升起时，第一缕阳光便已经照亮了火山的顶峰。我们急忙跑到护卫舰前方，欣赏这一奇观……[52]

实际上，在几周前，洪堡本有机会登上这座小岛，当时他即将抵达目的地，英国船又出现了，一共 4 艘。行动再次面临功亏一篑的危险。不过，学者福星高照：

我们从他们旁边驶过，他们却没有注意到我们。那场大雾，虽说让我们看不到泰德峰，倒也让我们免于被带回欧洲的危险。对于自然研究者来说，远远地看到特内里费岛的海岸，却不能踏上这片火山肆虐过的土地，是一件非常痛苦的事情。[53]

登陆后，在洪堡和邦普兰眼中，岛上风景多姿多彩，看似世上少有的洞天福地。在植物学研究中，他们探索的不仅仅是熟悉的中欧植物，还将注意力放在他们特别着迷的热带植物上面：

植物王国中，几种最美丽、壮观的植物已经现身，比如香蕉和棕榈树。在这个风景宜人的岛上，对自然美景情有独钟的人会发现比气候更强力的疗法。在我看来，世界上没有哪里比特内里费更适合驱散忧郁，让痛苦的心灵恢复平静了……[54]

洪堡和邦普兰从特内里费岛北部海岸出发，来到陡峭山坡上的拉奥罗塔瓦村（Villa de La Orotava）。村子的首府拉奥罗塔瓦（La Orotava）是一个小镇，其气候受到岛上居民的青睐，海岸的炎热和湿气并没有影响到这里。两位学者已经参观过港口附近的公共植物园，不过洪堡不喜欢园中植物的林奈分类学排列方式，[55] 在岛上发现的丰富多样的植物生命形态让他想建立一个不同的分类系统。逐渐地，洪堡从林奈植物系统学家转变成了一位自然相貌的识读学家（Physiognomiker）。[56]

洪堡不再只是单纯地记录大自然，而是要对植物的生命形态进行审美观察。特内里费岛的植物给人印象最深刻的无疑是他和邦普兰在弗兰基斯先生（Herr Franquis）的花园里发现的龙血树。它的树干直径长达数米，两人在欧洲从未见过。它的树冠像个巨大的蘑菇，枝叶繁盛，数百只鸟儿在其中啁啾：

大自然永恒的青春，是运动和生命永不枯竭的源泉。[57]

生命力理论的思想仍然萦绕在洪堡的心头。但是，与这座矗立了几个世纪的"永生纪念碑"相比，他的死青蛙实验又算是什么呢？

特内里费岛上的龙血树。收录于洪堡的《科迪勒拉山脉风景和美洲原住民纪念碑》（*Vues des Cordillères et monuments des peuples indigènes de l'Amérique*），**1810—1813 年，图 LXIX**

　　此时此刻，洪堡对龙血树的历史生发了诸多感触。它是地球上最古老的居民之一，[58] 因而仅仅探索大自然之壮美已不足够。在进行研究之旅的同时，洪堡还自我建构了对大自然植物证据的历史观，其中第一步就是描绘他在新大陆赤道地区考察的龙血树。[59]

　　然而，洪堡在环球旅行的梦想成真之前，需要克服许多障碍。1796 年 12 月 31 日，从普鲁士公务员系统离开后，他游历欧洲，为伟大远征做准备。他的目标是环游世界，第一站计划在西印度群岛停留，西印度群岛位于加勒比海地区。这个容易引起误会的名字与克里斯托弗·哥伦布（Christopher Columbus）发现美洲有关，哥伦布寻找前往印度的海上航线，于是他向西航行，最终却发现了美洲大陆。

亚历山大开始探险前，有几个先决条件。1797 年 5 月以来，家庭教师昆特给威廉和亚历山大分配了家族遗产，从而奠定了他的财务基础。由于亚历山大还计划探索热带地区的山地景观，他亦不得不在高海拔地区训练自己的耐力。此外，像气压计和湿度计这样的仪器也有必要在极端条件下进行测试。最后，亚历山大深知，孤身一人进入未开发的地带是极其危险的，他需要一个与他有共同科学兴趣的旅伴，但同时又不质疑他的领导地位。

如果目的地确实属于中美洲和南美洲的部分地区，洪堡还须获得西班牙王室的批准。西班牙在南美洲和中美洲地区的土地上拥有政治和军事权力，以总督辖区的形式存在，包括新格拉纳达（厄瓜多尔、哥伦比亚和委内瑞拉部分地区）和新西班牙（墨西哥和委内瑞拉

洪堡从西班牙国王卡洛斯四世家族那里获得了前往西班牙殖民地进行科学考察的许可。图为卡洛斯四世家族的油画像，弗朗西斯科·何塞·戈雅 – 卢森特斯绘，1800 年

部分地区）。因此，洪堡不得不使西班牙国王卡洛斯四世（Carlos Ⅳ）相信，他作为德意志学者在西班牙殖民地要肩负的科学使命。洪堡一步一步地营造了这些前提条件，否则他的研究之旅就不可能成行。1797 年 8 月，他在维也纳期间，还与之前在矿业学院的同学约翰·卡

尔·弗莱埃斯莱本讲述了他的计划：

> 我可能会在瑞士、苏黎世或日内瓦度过秋冬，4月途经蒂罗尔和意大利。我终于有时间去完成许多工作了，尤其是新的作品，就在冬天和秋天（我肯定还会去圣哥达），我希望还能丰富我那本关于大气的书。
>
> 年轻的博特林克（原文如此！）已经来到这里，而且仍然坚定地要和我一起去西印度群岛。我们正在考虑以西班牙和特内里费岛作为旅行的起点。他的收入为40000卢布。[60]

洪堡很清楚自己想要什么，那就是出发去山上开拓新的研究领域——大气，[61] 空气的成分以及物质比例，最好在高海拔地区进行研究。尼古拉斯·博特林克（Nicolaus Böhtlingk）是洪堡在汉堡商业学院时认识的，他似乎是一个合适的、有财力的旅伴，并将为西印度群岛的研究之旅提供经济上的帮助。然而，在1797年秋天，亚历山大没有前往瑞士和意大利，而是留在了奥地利—德意志地区的阿尔卑斯山（Alps）。1797年至1798年的冬季，萨尔茨堡（Salzburger Land）、瓦茨曼山（Watzmann）和贝希特斯加登（Berchtesgaden）周围的地区都是他的勘探区。洪堡特意选择了寒冷的季节，因为安第斯山脉也有一部分被永恒的冰雪覆盖。这位自然科学家完成了一系列"魔鬼训练"，让他的身体适应高海拔地区的气候。[62]

我们应该意识到，我们这个时代的阿尔卑斯山旅游在 18 世纪末还不存在。直到 18 世纪早期，高山一直被看作是可怕的地方，最好不要攀登。只有少数人冒险登上阿尔卑斯山峰，而在冬季，这种高度的自然环境则对生命更加充满敌意和危险。自然科学家洪堡顶风冒雪攀登山壁，并在山上测试仪器，一定给当地居民留下了稀奇的印象。

1798 年春天，亚历山大·冯·洪堡离开了阿尔卑斯山孤独的山脉和山谷。6 个月前，他的哥哥威廉与家人一起前往维也纳。而后，威廉经瑞士前往巴黎，[63]亚历山大则留在阿尔卑斯山度过了整个冬天。威廉·冯·洪堡定居在法国首都。像他的兄长一样，亚历山大现在是一个人身自由、经济独立的人了。然而，巴黎只是一个中途站，因为他在这个城市感到不舒适。他的理想目的地是意大利，但由于法国与意大利北部的奥地利联邦之间的第一次同盟战争，他当时无法前往意大利。

然而，就是这样，巴黎却成了亚历山大的梦想之城，因为他在这里的科学界能够获得出人头地的机会。

1797 年春，他的第一部著作《受刺激的肌肉和神经纤维的实验》出版，一年后就在法国学术界广为人知。[64]

1798 年，洪堡应邀在巴黎科学院举办化学讲座。在那里，他重复了 1797 年在耶拿当着公爵的面进行的伽伐尼电流实验。

在巴黎，他还遇到了最终的旅伴——植物学家艾梅·邦普兰。

艾梅·邦普兰于 1773 年出生于法国拉罗谢尔，是一名医生的儿子。他在巴黎学习医学，同时花很多时间在植物学上。亚历山大·冯·洪堡 1798 年结识了邦普兰。由于两人的研究兴趣相投，这位法国人便成了远征新大陆的理想旅伴。从热带回来后，经洪堡的引荐，邦普兰成为拿破仑的妻子约瑟芬·德·博哈奈（Joséphine de Beauharnais）皇后的宫廷园丁。皇后去世 3 年后，他于 1817 年搬家到布宜诺斯艾利斯，然后去了巴拉圭，在那里进行植物学研究。1821 年起，他被囚禁了将近十年，因为当时的巴拉圭独裁者何塞·加斯帕尔·罗德里格斯·德·弗朗西亚（José Gaspar Rodríguez de Francia）担心邦普兰种植的大片马黛茶园形成垄断。在洪堡的调解下，他被释放了，但再也无法回到过去的生活中。1858 年，他穷困潦倒地在巴拉圭去世。

显然，洪堡原本打算带着他汉堡商学院的同学尼古拉斯·博特林克同行的想法改变了。现在，没有什么能阻挡他开始世界之旅了。洪堡是个完美主义者，他想探索整个世界中央的景观。通过阿尔卑斯山的高海拔训练之后，1798年至1799年的冬季的沙漠之行对他来说又是一次探索这类地貌的适应训练。如果经马赛向南离开法国，就能穿越地中海到达突尼斯。[65] 在那里，洪堡和邦普兰希望为他们的环球旅行开展一个"试用期"：邦普兰进行植物学研究，而洪堡则要试一试他的测量仪器。

起初，一切似乎都在按计划进行。他们租了一艘船，打算从法国航行到北非。在船启航之前，马赛周边地区其实有许多科学考察的机会。然而，洪堡却对这座法国南部海港城市投下了深深的失望之情。当局没有给这两位学者发放前往突尼斯的护照。当时欧洲战火纷飞，因此法国公民，比如邦普兰，到了北非也免不了遭到英国人的袭击。亚历山大·冯·洪堡在触手可及的目标前再次功亏一篑。而此时，距他离开普鲁士公职系统已经快两年了。他仍困在欧洲，无法离开这片大陆。即使是他设想作为伟大的环球旅行准备阶段的北非探险，也遭到了法国当局的阻挠。在法国南部受挫后，他于

1798 年 12 月从陆路离开马赛。途经尼姆、蒙彼利埃和佩皮尼昂，他于 1799 年 1 月 5 日踏上了西班牙的土地。正是在伊比利亚半岛，他的旅行梦想终于如愿以偿。

18 世纪末，西班牙已然失去了在欧洲的霸主地位。16 世纪哈布斯堡王朝统治下的帝国光辉到了洪堡的时代早已所剩无几。1700 年以来，法国波旁王朝的皇帝一直统治着西班牙。在此期间，西班牙的政治结构与法国紧密相连。1793 年，法国国王路易十六（Louis XVI）及其妻子玛丽·安托瓦内特（Marie Antoinette）被相继处死后，西班牙试图摆脱法国的统治，向"伟大民族"（Grande Nation）宣战。然而，当时波旁王朝皇帝卡洛斯四世的行动以失败告终。法国入侵伊比利亚半岛，反而更进一步控制了这个国家。西班牙被迫向英国宣战，但在军事上却难以匹敌。最后，西班牙王室只剩下在南美洲和中美洲地区的属地。

为了能够前往这些地区旅行，亚历山大必须获得西班牙国王的许可。1799 年 3 月，他前往阿兰胡埃斯（Aranjuez）的皇家宫廷提出申请，并获准开展科研旅行。与西班牙皇室的人脉关系、自身出色的语言能力和强大的说服力相结合，帮助洪堡实现了他的目标。卡洛斯四世允许这位德意志学者在西班牙的海外殖民地进行独立研究。许可文件对两位旅行者有着极其重要的现实意义，[66] 西班牙王室的签名给洪堡和邦普兰提供了法律保障，从而确保了他们在中美洲地区和南美洲可以不受干扰地工作，还在外交使团和两位旅行者将要打交道的所有局面中都发挥了重要作用。但是，有两件事必须注意：由于战争局势，洪堡和邦普兰在任何情况下都不允许在横渡大西洋期间与英国舰队接触。在南美洲，出于相同原因，两人踏上巴西的土地是相当危险的。巴西是葡萄牙的殖民地，而葡萄牙与英国结盟。后来，洪堡将根据这一政治局势调整他在奥里诺科河（Río Orinoco）上的航行，很可能因此放弃了在亚马孙河上已选定的航线上继续前行。

1799 年 6 月 5 日，西班牙护卫舰"皮萨罗"号从西班牙北部拉科鲁尼亚港起航。开弓没有回头箭，经过两年多的准备，洪堡终于得以将他的伟大研究之旅计划付诸实践。第一阶段的目的地是特内里费岛，因为它的气候、地质构造和植物令两位科学家十分着迷。另外，登上死火山泰德峰也是为了探索南美洲和中美洲地区火山提前做的准备。

1799 年秋，亚历山大的哥哥威廉从巴黎前往西班牙，在那里一直待到 1800 年春天。他参观了马德里和安达卢西亚。真是时过境迁。从此时起，威廉似乎开始追随着弟弟的脚步，而弟弟当时已身在南美洲了。

第 7 章

考察热带：从南美大陆到古巴

热带雨林温暖潮湿的空气像一层薄纱笼罩在河面上。缓缓地，木舟沿着奥里诺科河滑行。洪堡坐在船头，认真地研究着旅行地图。潮气已经浸透了一切——纸张、书籍、衣服……他们在河上已经旅行了两个多月。1800 年 3 月 30 日，他们离开了位于奥里诺科河支流阿普雷河（Apure）畔的圣费尔南多（San Fernando）的嘉布遣会 [①] 的传教区。洪堡旅程的第一阶段在这里结束，他与邦普兰一起探索了亚诺斯（Llanos）的草原地貌。而在离开嘉布遣会传教区之前，两位自然科学家抽出时间开始为旅程的下一阶段——丛林探险做准备。洪堡很激动，在他之前几乎没有欧洲人造访过那里。传教

----

① 嘉布遣会（Kapuziner）是天主教会的一个修道团体。

区的一位嘉布遣会修士为旅行队提供了异国水果和酒精饮料。[67] 一旦物资得到保障，远征冒险就可以开始了：

> 我们于 3 月 30 日下午 4 点离开圣费尔南多，当时天气炎热，虽然东南风强劲，但阴凉处的温度计却依然高达 34 摄氏度。由于逆风，我们无法扬起风帆。旅途全程，陪同我们的是巴里纳斯州（Barinas）州长的妹夫唐·尼古拉斯·索托（Don Nicolás Sotto）……为了了解那些值得欧洲人好奇的国家，他决定和我们一起在蚊子成群的狭窄木舟上度过 74 天。……从圣费尔南多到内

亚历山大·冯·洪堡和艾梅·邦普兰在奥里诺科河边丛林的实验室。爱德华·恩德绘，1856 年，根据洪堡 1800 年的草图创作

格罗河（Rio Negro）上的圣卡洛斯（San Carlos），再到安哥斯度拉（Angostura），在整个旅途中，无论是在船上，还是在夜间营地中，我每天都努力记下值得注意的事物。由于连日的大雨，再加上奥里诺科河和卡西基亚雷河（Casiquiare）沿岸蚊虫肆虐，这项工作不得不留下了些许空白，但我几天后就补上了。[68]

旅程最初似乎按计划进行。当地人在木舟上搭起了一个树叶顶棚，顶棚下面放着一张桌子和两条长凳，两位探险家坐在上面。邦普兰把他在草原上采集的一些植物铺放在桌子上。旁边放着他的植物图鉴，他尝试用这些书来识别植物。[69]河上的旅程一开始很愉快，但奥里诺科河突然变得湍急起来。之前是鸟语花香、天堂般的大自然，还有一些特有的水上生物，如海牛，但环境逐渐发生了变化。

风停了，在越发汹涌的急流中，只有靠印第安人的强壮肌肉不停划桨才能前进。他们常常不得不每天做12个小时的苦工。像最初几天那样在船上安静地从事科学工作已不再可能。激流发出震耳欲聋的声响。当船撞上岩石时，总会有一阵颠簸。洪堡甚至弄丢了一个气压计，它在船撞到石头时掉进了河里。奥里诺科河上的景色终于失去了它最初的魅力。河的左右沿岸，巨大的黑色花岗石映入眼帘。这让洪堡想起了欧洲的城堡，[70]并联想到了当年他和朋友格奥尔格·福斯特的莱茵河之旅。当旅途越发险象环生，学者对眼前的壮丽美景越发赞叹：

奥里诺科河从南向北流经一连串花岗岩山脉。河水在途中两度中断，以雷霆万钧之势撞击岩石，形成阶梯和横坝。最壮观的景象莫过于此。无论是圣菲波哥大（Santa Fé de Bogotá）①附近的特昆达玛（Tequendama）瀑布，还是科迪勒拉山脉（Kordilleren）壮丽的自然风光，都无法抹去阿图雷斯（Atures）和迈普雷斯（Maipures）的激流给我留下的深刻印象。站在那里，你可以一眼望尽滔滔不绝的瀑布，以及落日余晖下闪闪发光的泡沫和水雾，看上去，仿佛整条河流都悬挂在河床之上。[71]

他们起初从圣费尔南多的阿普雷河出发时，登上的

---

① "圣菲波哥大"与后文的"波哥大"指代同一地方，后者是前者的通称和缩写。

是一艘较大的木舟，但继续乘坐该船已经不再安全。当地人用绳索将船牵引过急流，而船员则必须在陆地上行走。在这个过程中，木舟经常搁浅。不过，探险家们很幸运，他们在旅途中遇到的一位贩龟商人的预言应验了：

你的木舟不会出事的，因为你没有运输商人的货物，而且劳达莱斯（Raudales）的僧侣和你们同行。[72]

出于政治原因，商船经常被故意撞毁，用来阻止与瀑布另一边的贸易。

加泰罗尼亚人的船只容易被毁，因为他们在法属圭亚那总督的许可下航行，但没有得到总统的授权在阿图雷斯和迈普雷斯的另一面进行贸易。[73]

当亚历山大·冯·洪堡毫发无损地战胜了瀑布时，贩龟商人的话犹在耳畔。

到彼时为止，旅程绝非毫无风险。洪堡清楚地记得几周前，就在旅行开始时，他与美洲豹的一次偶遇。

中午时分，我们在一个叫阿尔戈登纳（Algodonal）的无人区停了下来。我和同伴分开了，他们拉船上岸、准备午餐。我到岸边去，观察一群鳄鱼在阳光下酣睡，它们宽宽的骨板覆盖的尾巴靠在一起。……但是感觉不太舒服，所以走路让我有点恶心。我只向河边看了一眼；可当我在沙地上捡云母片时，突然注意到了像是一只老虎新留下的足迹，它的形状和大小很容易辨认。这只动物已经向森林中走去，当我的视线跟着看向那里时，我看到一只美洲豹躺在离我八十步远的一棵美洲木棉茂密的叶子下。我从没见过这么大的、老虎一样的动物。

生活中总会遇到一些求助无门的事。我吓坏了，但还算能控制住自己，遵守印第安人针对这种情况经常告诉我们的行为准则。我继续往前走，但没有跑起来；走的时候避免晃动手臂，我意识到，美洲豹和一群水豚一起游过了河。现在，我转过身来，走出一条相当宽的弧线再回头向河岸走去。我离它越远，就觉得自己能跑得越快。我时不时想回头看看它是不是在跟踪我！幸运的是，直到很久以后，我才屈服于这种冲动回头看。美洲豹始终沉静地待在那里。这些长着斑点皮毛的巨大猫科动物在这个国家吃得非常好，以至于它们很少攻击人类。我气喘吁吁地来到船上，向印第安人讲述了我的冒险经历，他们却似乎不太在意。[74]

然而，奥里诺科河之旅的目标不仅仅是在危险的冒险中幸存下来。洪堡想证明奥里诺科河和内格罗河（Rio Negro）是通过卡西基亚雷河（Casiquiare）连接起来的。由于内格罗河与亚马孙河相连，卡西基亚雷河的一条通道将证实热带雨林中存在河流系统。在"激流勇进"几周后，他距离掌握热带雨林中河流"网络"的证据已经非常接近了。他必须抵达卡西基亚雷河和奥里诺科河交界处的埃斯梅拉达（Esmeralda）定居点。河流分叉的证据将改变现有的地图。

但是，探险队成员的健康受到了威胁，邦普兰病重，发高烧。

在所有的身体疾病中，最使人虚弱的是那些生病期间症状一直不变的病，而且除了忍耐之外没有其他治疗方法。卡西基亚雷森林里的气体可能是邦普兰重病的病原……幸运的是，他和我一样对眼前的危险并不放在心上。不过，河水的景象和蚊子的嗡嗡声对我们来说似乎已经有些单调。……尽管我们在前往科迪勒拉山的旅途中经历了许多艰难险阻，但从曼达瓦卡（Mandavaca）到埃斯梅拉达的河上旅行在我们看来始终是我们在美洲期间最艰苦的一段路程。我建议旅行者不要选择经由卡西基亚雷河，而是阿塔巴波河（Atabapo）的路线，因为他们应该非常渴望目睹奥里诺科河的大分叉。[75]

事实上，亚历山大·冯·洪堡并不喜欢夸大其词。所以，当他描述奥里诺科河上扣人心弦的旅程是他旅途中最危险的一段，那么这次探险的风险可想而知。几乎没有欧洲人探索过瀑布另一边的地区。据当地人说，那里住着野蛮人，而且他们的样子非常可怕。博物学家冒了生命危险，才取得了巨大的收获。

在抵达埃斯梅拉达城的前一天晚上，从到达加拉加斯（Caracas）起就一直陪伴着旅行者们的狗突然失踪了。然而，亚历山大·冯·洪堡知道如何解释它的失踪：

在奥里诺科河和马格达莱纳河（Magdalenenstrom）上，当地人总是肯定地对我们保证：老美洲豹……非常狡猾，会在动物半夜休息时咬住它们的脖子，让它们叫不出声来。[76]

1800 年 5 月 21 日上午，旅行者们等了很久，也没等到那只忠诚的猛犬回来。最后，他们放弃了希望，继续向埃斯梅拉达进发。

早在 1799 年 7 月 27 日[①]，"皮萨罗"号在位于今天委内瑞拉的库马纳（Cumaná）靠岸，标志着洪堡和他的旅伴邦普兰在热带地区旅程的第一个篇章的开始。起初，并没有什么了不起的事情发生。

我们在库马纳逗留的前几周里校正了仪器，在周边地区采集了植物，并研究了 1797 年 12 月 14 日地震的遗迹。[77]

洪堡和邦普兰进行的是科学考察旅行，他们的主要目标是探索和调查热带地区。此外，洪堡还在为地球形成的理论寻找证据。在弗赖贝格，他受到老师亚伯拉罕·戈特洛布·维尔纳的影响，维尔纳是一位狂热的

---

① 此处疑似儒略历，因为根据资料及本书正文后的生平年表显示，洪堡所乘船只抵达库马纳的日期为公历 1799 年 7 月 16 日。

"海神派"。他认为地球形成的主要原因是海洋和内陆水域的作用。然而，南美洲和中美洲地区的火山，以及在该地区造成毁灭性破坏的无数次地震，使洪堡转向"火神派"的阵营。

洪堡深思熟虑后的行动决定了其科学研究的方法，只有当他有足够的证据支持某一科学理论时，他才会认同这一理论。这位普鲁士自然科学家痛恨轻率地猜测，在担任采矿工程师期间，他曾深入研究过生命力理论和电化实验，尽管他曾经也会很自然地将地质现象与电化作用联系起来：

近来，有人试图将火山和地震现象解释为电化作用的结果，号称电化作用是在不均匀的土层的特定排列中产生的。不可否认的是，当强烈的地面震动在几个小时内接连不断地发生时，空气中的电压往往会在地面震动最剧烈的时刻显著增加；但是，为了解释这一现象，没有必要求助于一种与迄今为止所观察到的有关地球结构及其地层排列的一切都直接矛盾的假设。[78]

洪堡是一位实证主义科学家。虽然借助电化作用把地球的形成和人类生理类比起来似乎很有诱惑力，然而我们的自然科学家拒绝接受所有无法通过一系列测量或连续的观察加以证明的假设思维。洪堡首先探索了南美洲海岸，他访问了阿拉亚半岛（Halbinsel Araya，今位于委内瑞拉海岸附近），他对那里的盐厂特别感兴趣。他从一个研究经济情况的财政学家的角度出发，思考原料、食品和农产品的问题。他如此广泛的兴趣得益于受教育期间曾投身于广博丰富的知识领域。

1799 年 9 月 4 日，洪堡和邦普兰开始了南美内陆之旅的第一阶段，他们向西南穿越草原来到卡里佩（Caripe），在那里的嘉布遣会传教区住了下来。附近的一个洞穴引起了他们的兴趣，洪堡在那里观察到一种稀有鸟类，当地人称之为"guácharo"，成百上千只生活在黑暗的山洞中。这些鸟儿与卡里佩附近的洞穴及其当地奇特的居民之间的关系也是矛盾的。一方面，洞穴的黑暗和黑鸟的嚎叫让人非常恐惧，因此洪堡的当地同伴们拒绝冒险深入洞穴。另一方面，每年的圣约翰日（6 月 24 日）都会举行恐怖的仪式：印第安人手持棍棒，侵入"guácharo"的栖息地，摧毁它们的巢穴，杀死数千只鸟。[79] 这些动物的现代名称——"油夜鹰 [80]"，清楚地表

卡里佩附近的油夜鹰洞穴。在那里，洪堡和邦普兰观察到了这种不为欧洲人所知的鸟类。费迪南德·贝勒曼绘，1842 年

明了当地人对这些穴居生灵产生浓厚兴趣的原因。它们被用来获取一种重要的食物——油脂，而这是从被杀死的鸟儿身上提取的。

探索卡里佩洞穴是展示洪堡科学方法的一个绝妙示例。这位前采矿工程师自从进入弗赖贝格矿业学院学习以来，就熟悉了"地下世界"。但在他向热带世界进发的过程中，却没有顾及当地印第安人的禁忌和心理状态。他执意深入洞穴，尽管他的当地原住民旅伴拒绝追随这个好奇欧洲人的研究兴趣，但大自然的秘密最终还是得以揭开。多亏了洪堡的研究和绘制的油夜鹰形象，自然科学界得以了解一种未在欧洲发现的鸟类。

山洞事件也表明，他与原住民的关系是有些矛盾的。他没有崇尚"野蛮"，而是描绘了当地原住民对动物世界的残忍行为（捕杀鸟类）。与此同时，他也描述了他们的恐惧和迷信心理。[81] 洪堡为他后来的听众和读者展现了一幅相当真实的热带图景。

探索卡里佩洞穴是博物学家深入美洲内陆旅行第一阶段的一部分。在卡里亚科（Cariaco）方向，一行人经过了嘉布遣传教区，于1799年9月24日到达了洪堡和他的同伴几个月前登陆的地方：港口城市库马纳。当年的最后几周，他们探索了加勒比海沿岸。11月的时候他们乘船抵达加拉加斯，在那里迎接了新世纪的到来。19世纪是一个科学、技术和研究接连取得丰硕成果的时代，亚历山大·冯·洪堡也对这个时代产生了决定性的影响。

他在热带地区的下一个目标是探索热带雨林，在此之前，几乎没有欧洲探险家涉足过雨林深处。洪堡选择奥里诺科河的目的有二。一方面，河流是了解丛林动植物的理想水脉。另一方面，洪堡希望通过在热带内陆水域的旅行，证明奥里诺科河和亚马孙河在地理上是一个大型河流系统的一部分。洪堡和邦普兰这两位自然科学家的路线首先穿过今天委内瑞拉北部的大草原。然而他们选择的是一个不利于旅行的时间段，彼时白天气温超过40摄氏度的情况并不少见。因此，洪堡后来在欧洲演讲时向听众最先讲述的就是草原和沙漠的自然景象，也就毫不奇怪了：

万里无云，烤焦的草地在烈日直射下化为尘土，硬化的地面龟裂开，就像是被猛烈的地震震开了一样。如果随后反方向的气流拂过大地，冲突双方在环流中趋于平衡时，平原上就会出现一种奇异的景象。……一束暗淡的、近似稻草的半透明光线将眼前似乎低垂了许多的天幕投射到荒凉的大地上，远方的地平线陡然拉近了。它将大草原收窄，也攥紧了旅行者的心灵。炽热的尘土在影影绰绰的空中盘旋，增加了空气中令人窒息的热量。东风非但没能把温度降下来，反而在吹过酷热已久的大地时，带来了新的炽烈。[82]

洪堡不仅精准描绘了草原风景的气象状况，在这幅自然景象中，他还着重描绘了沙漠景观对徒步旅行者的影响。旅行时紧张的心境是他的主要感受，这种感受在他穿越荒芜景色时牢牢抓住了他。对于亚历山大·冯·洪堡来说，自然不仅仅是研究对象，他认为环境对个人的影响与纯粹的景观测绘同样重要。在他的著作中，我们看到的洪堡不仅是一个科学家，也是一个诗意的"自我"。他向我们展示了自己理性的一面，以及感性的另一面。在他的热带游记中，乍看之下极端对立的两面有机融合在一起，形成了和谐的统一体，打动了与这位自然科学家同时代的以及 21 世纪当下的读者。

在洪堡前往阿普雷河畔圣费尔南多的路上对电鳗的

观察和描述中，也特别体现了他将情感上的震撼与对自然现象的科学分析的结合。在小镇卡拉沃索（Calabozo）[83]附近，电鳗生活在肥沃、泥泞的池塘中。洪堡想活捉它们用于研究，为此，他将马和骡子赶进了池塘。鳗鱼用猛烈的电击来保护自己免受入侵者的伤害，有些驮畜不幸遇害。在这个过程中，鳗鱼的电能逐渐释放，这样就可以用相对容易的方式捕获它们。

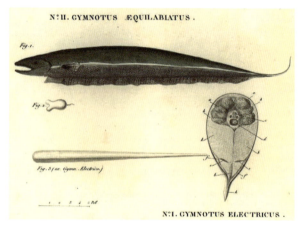

南美洲的两种电鳗之一，洪堡在他的游记中描述了在马的帮助下捕捉电鳗的情景。彩色铜版画，路易·布凯绘，根据莱奥波德·穆勒基于洪堡的动物学著作《动物学和比较解剖学观察记录》（Recueil d'observations de zoologie et d'anatomie comparée）中的几幅画作绘制的素描图所画，第 2 卷，图 X，1813—1833 年

洪堡在《大自然的肖像》（Ansichten der Natur）一

书中描述了这一研究过程。对马与电鳗搏斗的描写超越了对自然现象的单纯描述，尤其是因为他以科学的方法全方位展示了宇宙中的力量：

这就是神奇的鱼马之战。是什么在无形中成为这些水中生灵活生生的武器？是什么通过接触动物和植物中不同的湿润部分，唤醒了他们的器官？是什么让广阔的天空发出雷鸣闪电？是什么让铁与铁之间相互吸引，并让指南针无声地重复着相同轨迹：就像被分割的七彩光线一样，万物生于同源，并在永恒的、无处不在的力量中融为一体。[84]

对于洪堡来说，电鳗的威力并不是孤立的现象。他在植物学和地球物理学之间架起了一座桥梁，从中他可以观察到电的作用。所有自然现象，就其多样性而言，都是伟大整体的一部分，自然科学家永远不会忽视这一点。洪堡将困于细节的自然科学家形象与具备整体思维的科学家形象进行了对比。这种世界观体现出了他的现实主义。

他还从整体角度看待他在热带地区研究的植物。南美洲的景观给他留下最深刻印象的是，世界上所有的植物形态都能在那里找到：

就这样，大自然赐予炎热地区的人类不用离开家乡就能看到地球上所有植物的恩惠，如同天穹从一极到另一极并未向他们隐藏任何一方光亮的天地一般。[85]

在热带地区，令洪堡特别着迷的是一个地理区域内植被的整体印象，他对热带雨林的生长形态很感兴趣。为了描述这种多样性，他面临着寻找合适形式进行展示的困难。一个严肃的科学可能性的提出则要通过瑞典植物学家林奈的系统学对植物进行分类。然而，要做到这一点，他必须分析对象的性别特征。这就需要解剖植物，根据花的结构和生殖器官进行分类。然而，洪堡并不想走这条路：

如果我们对植物标本馆中已收录的各种植物物种（数量目前估计已远远超过 80000 种）做一个概览，就会发现在这一巨大的数量中存在着某些主要形态，而许多其他形态都可以追溯到这些主要形态。……但是，植物系统学家将许多植物类别分开，而自然相貌识读学家却认为必须将这些类别合并起来。[86]

洪堡将沉迷于细节的植物学家与截然不同类型的科学家区分开来。他旧瓶装新酒，给"相貌识读"这个古老科学术语里注入了新的内容。他将在热带地区识别出的植物类别简化为 16 种植物形态。就他而言，这些都是世界上常见的植物生命形式，可以用相对简单的方式进行描述，很容易辨认，并能给观察者留下整体印象，又不会让他们感到疲倦。亚历山大·冯·洪堡将自然相貌识读学家与科学系统学家区分开来。他将自己的工作看作是科学与艺术的结合，并将其与画家进行比较：

画家（恰恰是艺术家对大自然的细腻感受造就了这一说法！）能将风景画背景中的松树或棕榈树与山毛榉树区分开来，但却不能将这些树与其他落叶林区分开来！[87]

在这里，艺术与科学之间的界限被打破了。植物学家能将自己视为艺术家，致力于传递审美情趣。正因为洪堡是一位知识渊博的植物学家，精通林奈系统学，所

形态丰富的热带植被。约翰·莫里茨·鲁根达斯绘，创作于1832
年前后

以他才会转向艺术。不过，他并没有借助植物插图来描绘植物，而是在其旅行著作《大自然的肖像》中将语言作为一种表现媒介：

但是，在我们习得语言的过程中，在诗人狂热的想象力中……有着丰富的替代源泉。我们的想象力从中汲取了异国大自然的生动形象。[88]

亚历山大·冯·洪堡希望带领他的读者和听众踏上一段想象之旅。这段旅途中，每个人都应该在自己的脑海中创造一个心中的热带自然天地。现代植物学中仍在使用的用相貌识读生命形态的方法是一个决定性的准绳。科学自身不是目的，而是为人类的教育、修养和持续发展服务。亚历山大·冯·洪堡现在丝毫不逊色于他的哥哥威廉了，后者是一位教育家和文化政治家，他认为大学的本质概念建立在研究与教学的统一之上。

在基于奥里诺科河与亚马孙河相连的发现，从而证明了南美洲河流系统的连续性之后，洪堡于 1800 年 6 月 13 日抵达安哥斯度拉城（今玻利瓦尔城）。至此，历时 75 天的河流之旅结束了。他和邦普兰仅在热带雨林的内河航道上就走了 2250 千米。从陆路返回新巴塞罗那（Nueva Barcelona）（距离他们首次抵达南美洲落脚的库马纳约 100 千米）的途中，一切顺利。邦普兰在穿越草原的回程中病愈。在绕道前往新巴塞罗那附近的阿瓜斯卡连特斯（Aguas Calientes）一带的山脉时，洪堡写道一件奇事：

我们沿着贝甘廷（Bergantín）前往阿瓜斯卡连特斯的游览以一场不幸的事故告终。异乡朋友把他最健壮的马借给了我们，同时还警告我们不要涉水穿过纳里加尔河（Rio Narigual）。因此，我们走上一座桥，或者说是铺在一起的一堆木头，让马套上缰绳游过去。突然我的马消失不见了，我们能看到它在水下挣扎了一会儿，但不管我们如何搜索，还是找不到导致事故的根本原因。导游怀疑这匹马被凯门鳄咬住了腿，在这边这种事很常见。我简直尴尬到无以复加……[89]

在南美洲的旅行中，危险无处不在，即使看起来是几乎毫无风险的出行。虽然在奥里诺科河上被凯门鳄（鳄鱼的一个亚种）袭击的概率要大得多，但对于洪堡和他的同伴来说，南美洲的任何内陆水域毕竟都无法避免与鳄鱼的恐怖偶遇。在库马纳停留之后，两位探险家于 1800 年 11 月 24 日从新巴塞罗那（Nueva Barcelona）出发前往古巴。他们在圣诞节前 5 天在哈瓦那（西班牙语写作"La Habana"）登陆，并在古巴岛上逗留了近 3 个月。

就植物学研究而言，在古巴的逗留并不那么重要。除首都外，洪堡只访问过部分地区，如今天的居内什（Güines）地区和海港城市特立尼达（Trinidad）。[90] 他不仅是植物学家和地质学家，还是一位官房学家，因此他对岛上的经济和政治状况特别感兴趣。探访过几个庄园后，他将甘蔗种植园中公然存在的非正义的奴隶制写入了他关于古巴的文章[91]中。在这篇文章里，洪堡表明自己是欧洲启蒙运动的典型代表，在法国大革命时代就为公正的社会结构而奋斗：

毫无疑问，奴隶制是折磨人类的所有罪恶中最严重的一种，无论是看着一个奴隶被从家中抢走，扔进船舱，还是看着他被驱赶到安的列斯群岛（Antillen）土地上成为黑奴的一员，都是如此。

古巴的制糖工厂。彩色石版画，雷德里克·米亚莱绘，1853 年

但在如此的苦难和匮乏中，个体仍有等级之分。在哈瓦那和金斯敦（牙买加首都）的富人家里服侍的奴隶，或者靠"主人"支付的日薪自食其力的奴隶，还有在蔗糖种植园里做工的奴隶，他们在本质上又有什么差别！[92]

洪堡认为，启蒙国家的任务就是纠正这种状况。关于古巴的文章首次发表在 1826 年，也就是他回到欧洲 25 年之后。即使相隔如此之久，也丝毫没有改变他对奴隶制的态度。洪堡对欧洲各国政府作为贸易强国间接推动奴隶贸易的行为进行了不遗余力地批评：

如果要逐步解除奴隶制的束缚，就必须以最严格的执行手段禁止贩卖黑人的法律，对违反法律的人处以严酷的刑罚，并设立联合法庭，根据公正对等的原则行使检查船只的权利。无法否认的是，鉴于某些欧洲国家政府可耻且罪恶的冷漠，……几十年来黑人人口贩卖仍在残酷地进行着，最近从非洲运来的黑人数量几乎与1807年前相同，这不禁让人感到悲哀……。[93]

时至今日，"亚历山大·冯·洪堡"这个名字在南美洲和中美洲地区的前殖民地仍然享有盛誉，这是可以理解的。他给人的印象是一个友好、慈善的欧洲人，并不戴着所谓科学的"马眼罩"①看待他所到过的国家。

洪堡和邦普兰于1801年3月5日离开古巴。不到4周后，他们抵达卡塔赫纳（Cartagena，今哥伦比亚境内），这标志着另一阶段探险的开始，他们将前往安第斯山脉。在那里，他们创造了一项数十年无人打破的高海拔攀登纪录。

---

① 马眼罩是一种在赛马中常见的马具，用于阻挡马的侧方及后方视力。这个意象常被引申为对全局或洞察力的限制或阻碍。

第8章

从高耸的安第斯山脉到墨西哥和美国

空气越来越稀薄。洪堡每次踩到岩石上，双脚都疼痛难忍。钦博拉索山（Chimborazo）山顶笼罩在一片浓雾之中。在整个热带旅程中，这位自然科学家第一次抱怨起自己的命运：今天早上尝试登上这座地球上最高的山峰①真的有意义吗？不过到目前为止明明一切都很顺利。横跨大西洋的旅程，无数次与爬行动物甚至是危险动物的邂逅，还有奥里诺科河上的航行！

洪堡决定在1802年6月23日上午登上这座死火山的顶峰，尽管他几天前刚刚告诉邦普兰，攀登钦博

—————————————
① 彼时，由于这座山的海拔还不为人所知，所以该山被认为是地球上最高的山。

从塔皮亚高原仰望钦博拉索山。让－托马斯·蒂博特根据亚历山大·冯·洪堡的素描绘制，收录于洪堡的《科迪勒拉山脉风景和美洲原住民纪念碑》，第二十五册，路易·布凯雕刻画

拉索山不会增加任何新的科学认识。爬上去能看到什么呢？火山口已经没有内部热量了。此前，数百万吨冰块已经填满了炽热熔岩曾经流过的地方。就在几周前，他成功登上了仍然完好无损的安第斯山脉的皮钦查火山（Pichincha）。这座火山海拔将近4800米。洪堡和他的同伴们看到了一个黑色的火山口，火焰伴随着剧烈的地

震从中喷涌而出。第二天，火山周围地区发生了地震，这与火山的活动有关。当地人指责这位来自欧洲的自然科学家，怀疑是他将火药粉灌进了火山口。[94] 洪堡已经期待着回到欧洲时公布他的发现了，他这位"蒂格尔城堡的小药剂师"，将向周围所有人展示他所蕴藏的巨大潜力。"海神论"，即地球起源于水的理论，已不再站得住脚。当然，地质变化与河流和海洋有关，但决定性的驱动力来自地球内部。当洪堡站在皮钦查山山顶，战战兢兢，害怕随时被拽入脚下的深渊时，他无比清楚地感受到了这种力量。

现在，他正站在永久积雪之中。那天早上，一切看似很轻松。他们离开火山西侧的营地，正准备下山前往平原时，洪堡心中突然涌起一股冲动：一定要登顶钦博拉索山。登山的路看起来并不复杂，穿过一处岩石冰碛和雪原即可。除此之外，这个日期似乎也很吉利，因为将近三年前，他攀登了泰德峰，特内里费岛上的一座死火山。

1802 年 6 月 23 日，……我们攀登钦博拉索山。……天色阴沉，大雾弥漫。山顶时不时地现身。前一天夜里下了大雪。[95]

洪堡对自己很恼火。他被自己的情绪冲昏了头脑，连脚痛都忘记了，探险队的其他成员也不太舒服。

我们的旅伴都冻僵了，抛下我们不再前进了；只剩下邦普兰、蒙图法尔、气压计管理员和两个印第安人跟着我。尽管我们软磨硬泡，印第安人还是留在了 2600 突阿斯①的位置（约为海拔 5100 米）。他们跟我们赌咒发誓，自己喘不上来气，就要死了，话说回来几小时前他们还充满同情地看着我们，声称白人连雪线都爬不到。[96]

洪堡第一次走过雪原时，靴子就湿透了，冰雪的寒冷笼罩着他的双脚。只有沿着岩壁的小路似乎是安全的，因为那里没有积雪。与此同时，登山探险队的队员们也开始出现身体上的不适：

我们爬得更高了，……但每走一步，寒冷就增加一分。呼吸也严重受阻，更令人难受的是，每个人都觉得恶心，有呕吐的冲动。一位好心跟随我们的当地人……，即便他非常健壮，还是向我们坚持说，他的胃

---

① 突阿斯（toise），原文为 "toisen"，长度单位。应用于早期大地测量中。

从来没有像现在这样疼过。我们的牙龈和嘴唇也在流血。我们的眼白布满血丝。蒙图法尔身上的症状最为严重，因为他的身体里含有最多的血液。[97]

　　洪堡几个月前在基多（Quito）遇到过这个有当地人血统的年轻人——21 岁的卡洛斯·蒙图法尔（Carlos Montúfar），他来自一个对洪堡这位普鲁士贵族的研究感兴趣的显赫家庭。蒙图法尔的热情给洪堡留下了深刻的

身着普鲁士矿业官员制服的亚历山大·冯·洪堡。左上方为洪堡家族纹章。恩斯特·西格蒙德·冯·萨尔维尔克根据何塞·科尔特斯 1802 年在基多的创作的画作的复制品，1942 年

印象，于是洪堡带卡洛斯参加了安第斯山脉探险队。真是三十年河东，三十年河西，几年前，洪堡还试图赢得魏玛的博学诗人的青睐。现在，我们这位接近33岁的欧洲绅士却成了年轻的自然学者们争相取悦的对象。

洪堡似乎并不害怕冒什么健康风险，就像他在奥里诺科河航行时一样，他最担心的是恶劣的天气：

我相信，阻碍我们到达山顶的不是呼吸困难，而是积雪。

渐渐地，科学家的理性一面现身了：

把仪器再向上移动200突阿斯，搬到无法观测岩石的地方，搬到不适合进行磁力实验的山上，因为岩石会影响磁针，而且岩石本身也有磁极，这样做又有什么好处呢？[98]

洪堡示意大家掉头返回。下山几米后，天空下起了密集的冰雹，再往下一点，开始下雪。整个团队都疲惫不堪了。

我们穿着短靴、简单的衣服，也没戴手套（这里的人几乎都不知道有手套这种东西），可以想象我们当时的状况。我们的手鲜血淋漓，一双双满是溃疡的病脚还总是撞上锋利的岩石，每一步都要小心计算，因为我们已经看不清被积雪覆盖的道路——这就是我并不愉快的处境。[99]

下午两点后不久，研究人员到达了永久积雪的边缘，傍晚时分，他们回到了营地。虽然没有成功登顶，但洪堡创造了高海拔攀登纪录。尔后几十年来，没有其他人成功登顶，钦博拉索山在 1800 年前后被认为是地球上最高的山峰，海拔将近 6300 米。

1801 年 3 月 30 日，在他们 3 月 5 日从古巴出发之后，洪堡和邦普兰抵达卡塔赫纳（现位于哥伦比亚），目的是南下秘鲁首都利马。利马的港口卡亚俄（Callao）是前往太平洋的起点。洪堡在南美洲和中美洲的热带考察只是他环游世界旅程中的中转站。如果仔细阅读他的游记和自然风景图，你会发现他经常把世界其他地区的景色加入他的描述中。洪堡希望在卡亚俄与法国人托马斯·尼古拉·鲍丹（Thomas Nicolas Baudin）的船会合，托马斯·尼古拉·鲍丹于 1754 年出生于法国。他是一名海员，曾作为士兵参加过美国的独立战争。虽然他从未完成大学学业，或拿到科学类的学位，但他对植物学和动物学非常感兴趣。1798 年，当亚历山大·冯·洪堡抵达巴黎时，法国政府正计划组织一次为期五年的环球考察，考察由鲍丹率领。洪堡赢得了这位探险家的信任，鲍丹希望这位来自普鲁士的年轻学者能作为他的科学伙伴。因为法国出于财政原因取消了该项目，洪堡和鲍丹在巴黎商定，他们一开始分开旅行。两人计划在秘鲁的卡亚俄会面，鲍丹希望带着这位德国人一起踏上前往太平洋和亚洲的旅程。然而两年后，鲍丹接受了前往澳大利亚探险的委托，因此洪堡在约定之地再也等不到这位法国人。1803 年，鲍丹在毛里求斯死于肺结核。

鲍丹将代表法国政府在南太平洋完成一项研究任务。

洪堡和邦普兰首先沿着马格达莱纳河前往波哥大西北边约 200 千米处的翁达（Honda）。从那里开始，他们继续从陆路出发，7 月 6 日，洪堡来到波哥大（今哥伦比亚首都）。波哥大和基多一样，在 19 世纪初属于西班牙的新格拉纳达总督辖区，洪堡在这里遇到了很多受过文化教育的市民，他们对他的自然研究很感兴趣。在这里，他住在西班牙植物学家何塞·塞莱斯蒂诺·穆蒂斯（José Celestino Mútis）家里。当洪堡来到穆蒂斯家时，后者即将步入古稀之年。这位学者所在的一代人，仍需为了进入科学研究领域而奋力抗争。正是因为穆蒂斯既是医生又是牧师，他与天主教会发生了冲突。他在家乡西班牙学习医学，1757 年，即他 25 岁时获得医学

何塞·塞莱斯蒂诺·穆蒂斯（1732—1808 年），波哥大学者。萨尔瓦多·里佐绘，1800 年前后

博士学位。医学背景使得他开始倾向于科学，这点与瑞典人卡尔·冯·林奈相似，穆蒂斯曾与林奈互通书信。除了天文学和数学，这位在西班牙长大的学者还将注意力转向了植物学。

后来，穆蒂斯受邀作为随船医生前往南美洲探险。此后，他再也没有离开这片大陆。1761 年 2 月抵达波哥大后，穆蒂斯开始研究南美洲的动植物。在西班牙殖民地，当他不得不面对神圣宗教裁判所的审判时，他依然坚持自己的科学信念。穆蒂斯曾在演讲中令人信服地阐释了哥白尼的世界体系和自然科学中的归纳思维。启蒙运动不仅是思想史上的一场针对政治的运动，更对科学思想产生了相当大的影响。自然科学的方法论不再由先入为主的观念决定，而是由实验和精确观察决定。

不足为奇的是，亚历山大·冯·洪堡深感与穆蒂斯志同道合，并对穆蒂斯的毕生事业非常敬仰。这位来自欧洲的学者与穆蒂斯一起待了将近两个月，并利用这段时间与他充分交流思想。洪堡的特点是，作为一名学者，他喜欢寻求与其他科学家的对话交流。对他来说，知识的网络化不仅仅是跨越各个学科之间的界限。在他近九十年的人生中，这也是一个日益拓展的人际关系网络。然而，1804 年洪堡回到欧洲后，与穆蒂斯的联系中断了。这位植物学家于 1808 年 9 月 11 日去世，享年 76 岁。洪堡一生都没有忘记这位令人钦佩的先生。

基多，今日厄瓜多尔国的首都，是洪堡南美之旅的另一站。洪堡的旅行团队于 1801 年 9 月 8 日出发前往那里。与其他探险家的相遇并不总是像在波哥大与穆蒂斯那样的和谐。洪堡在山城伊巴拉（Ibarra）遇到了弗朗西斯科·何塞·德·卡尔达斯（Francisco José de Caldas）。[100] 穆蒂斯曾热情推荐这位年轻的植物学家。他只比洪堡小一岁，这两个几乎同龄的人看似会相处得很好，但第一次见面恐怕让卡尔达斯失望了，洪堡对这位哥伦比亚学者作为创新发明来介绍的高度测量仪早已耳熟能详。该设备是瑞士地质学家和物理学家霍拉斯·贝内迪克特·索绪尔（Horace Bénédict de Saussure）认识到海拔与水的沸腾温度下降之间的相关性后，选定作为测量海拔的仪器。1787 年 8 月 3 日，索绪尔登上了勃朗峰。他用仪器计算出的高度同时证明了这座山是欧洲海拔最高的山峰。

卡尔达斯陪同洪堡和邦普兰前往基多。在那里，洪堡打通了与贵族圈子的人脉关系，贵族们对这位来自欧洲的探险家和他开展的活动充满热情。洪堡的支持者包括胡安·皮奥·阿吉雷-蒙图法尔侯爵（Marqués Juan Pío Aguirre y Montúfar）的家族。特别是侯爵的一个儿子，21岁的卡洛斯·蒙图法尔，对这位普鲁士学者充满热情。也许洪堡在这位年轻的贵族子弟身上看到了自己的影子，在蒂格尔城堡度过的并不遥远的青年时代，洪堡就将药剂师卡尔·路德维希·威尔德诺或医生恩斯特·路德维希·海姆等热爱植物的人视为榜样。1802年春天，他带着这位兴趣浓厚的年轻人前往基多周边地区进行考察。卡尔达斯也一同前往，并竭尽全力吸引这位来自欧洲的探险家的注意。3月16日，洪堡和邦普兰与卡尔达斯和蒙图法尔一起登上了安蒂萨纳火山（Vulkan Antisana）。虽然他们没有登上海拔将近5800米的山顶，但他们利用这次旅行测量了海拔并采集了植物标本。

登上安蒂萨纳火山只是洪堡一系列南美火山旅行的开端。洪堡与安第斯山脉的邂逅引发了他的思考，从而修正了他的"海神派"世界观。这位曾经的"海神派"支持者变成了"火神派"。然而，他仍然坚持自己的科学世界观，首先是观察和测量现象，然后方能得出结论。

卡尔达斯本想加入洪堡团队，一起向南方探险。在给穆蒂斯的信中，这位南美探险家请求这位德高望重的植物学家为他向洪堡求情。年迈的穆蒂斯在给洪堡的信中确实建议卡尔达斯加入他的探险队。令他感到震惊的是，洪堡拒绝了这一建议，并决定让卡洛斯·蒙图法尔加入。这样的拒绝让充满激情的卡尔达斯无法接受，[101] 他在给穆蒂斯的信中告发洪堡，暗示他在基多与放荡不羁、伤风败俗的小伙子交往，这无疑指的是蒙图法尔。然而，洪堡不以为意，卡洛斯·蒙图法尔也不为所动，他依然被允许在1802 年 6 月 23 日陪同洪堡和邦普兰前往钦博拉索山。

登上钦博拉索这座当时公认的世界最高峰是一次大胆的尝试。洪堡创造了海拔攀登纪录，他超越了欧洲人德·索绪尔的成就，后者攀登阿尔卑斯山最高峰勃朗峰时"仅仅"达到了略高于 4800 米的海拔高度。尽管洪堡和同伴不得不在山顶海拔下约 400 米处返回。然而，这群探险家创下的海拔攀登纪录（约 5800 米）在很长一段时间内都没有被任何人打破。

在写给哥哥威廉的信中，洪堡丝毫没有把这次险象丛生的探险当作英雄行为：

就这样，我们只剩下邦普兰、卡洛斯·蒙图法尔、我自己和我的一个侍从，他帮我背着一些工具；我们本来计划一路登顶，要是没有那道深到无法跨越的沟壑就好了。没办法，我们只好转身开始下山。回来的路上积雪太多，我们很难辨别方向。在高地上，我们几乎无法抵御刺骨的寒冷，吃尽了苦头，而我的脚也因为几天前的摔伤而疼痛难忍……在我们登上的最高处，即便是稍微的停留也让人感到阴郁、恐怖至极；我们被笼罩在伸手不见五指的大雾中，时不时地隐约瞥见周围可怕的峭壁深渊。[102]

被排除在钦博拉索火山攀登行动之外的卡尔达斯，后来的结局十分悲惨。尽管他不仅是一名植物学家，还是一名在政治活动中非常活跃的律师，曾出版过一份周刊，并参加了独立运动，但在 1816 年，他被西班牙人抓住，并被判处死刑。今天，他仍然被哥伦比亚人民尊为国家先烈。

亚历山大·冯·洪堡继续向秘鲁进发，于 1802 年 10 月 22 日抵达利马。在卡亚俄港口，他本想加入托马斯·尼古拉·鲍丹的探险队，继续他的太平洋之旅。然而，这位法国人当时已经前往澳大利亚，洪堡不得不改变计划。环游世界本是他的伟大梦想，不过眼下的就是一趟南美洲和中美洲之旅。这位自然科学家收集的资料已经够一个学者终生研究了，然而，亚洲一直是洪堡优先考虑的目的地，但现在不可能按照他的计划访问这片大陆了。因此，洪堡别无选择，只能离开南美洲向北进发。也许这次航行弥补了这位学者错过世界之旅的遗憾。在 1802 年 12 月 5 日从卡亚俄启程到 1803 年 1 月 3 日到达瓜亚基尔（Guayaquil）结束的航行中，他以惯常的方式在太平洋测量温度。他发现了一股比公海温度低 7~8 摄氏度的洋流。洋流可能发源于南极，由南向北流动。当时，洪堡并没有预料到他的名字会为洋流命名，他是在这次短暂的沿岸航行中发现"洪堡洋流"的，而这纯属意外。

在前往新目的地之前，洪堡在瓜亚基尔的停留只是一个短暂的中转。在 5 个礼拜的航行过后，3 月 22 日，洪堡和邦普兰在墨西哥的阿卡普尔科（Acapulco）登陆。与墨西哥的邂逅不仅让这位普鲁士人接触到了该国的地貌、植物和动物，还让这位普世主义者关注到了墨西哥的千年文明，在他看来，这种文化丝毫不逊色于地中海地区的古代文明。

首都墨西哥城是洪堡和邦普兰两位研究者在墨西哥逗留期间生活的中心，他们从 1803 年 4 月 2 日起在这里度过了近 9 个月。与随后在 1804 年临时探访古巴一样，他们聚焦在研究该殖民地的政治和经济状况。此外，亚历山大·冯·洪堡还对阿兹特克人的历史和 16 世纪西班牙征服墨西哥的历史非常感兴趣。因此，这位普鲁士学者不仅配得上"自然学者"的头衔，也配得上"文化学者"的称号。

一位女性，她被描绘成蛇的形态，是人类的母体。这幅画来自墨西哥的一本仪式手册，即《墨西哥法典》（*Codex Mexicanus* ），洪堡将其收录在他的《科迪勒拉山脉风景和美洲原住民纪念碑》中，作为第 37 个图表的第一幅画

　　文化转移现象，这是全球化时代科学研究和发表的主题，在研究墨西哥历史时，洪堡就进行了深入探索：

美洲人民，就像印度斯坦（印度次大陆）和所有其他长期在政府和宗教专制统治下饱受苦难的民族一样，异常顽强地坚持着自己的习惯、风俗和观点。由于基督教的传入对墨西哥原住民几乎没有什么影响，只是用一种温和的、人性化的新宗教仪式和符号取代了血腥的崇拜仪式。从旧习俗到新习俗的转变是迫不得已而非自愿皈依的结果，是由政治事件促成的。在新大陆和旧大陆一样，半蛮族（halbbarbarischen）习惯于从胜利者手中接受新的法律和新的神灵，而这片土地上的原生神灵似乎只有在战败后才会让位于外来神灵。……印第安人在被征服之初用象形文字编写的宗教礼仪集（我拥有其中的一些残稿）显然证明了基督教当时是如何与墨西哥神话相融合的。例如，他们将"圣灵"比作阿兹特克人的神鹰。传教士容忍了这种融合的思想，这使得基督教文化更容易走近当地人……[103]

墨西哥的手稿[104]是洪堡从新大陆返回5年后用法文撰写的。该书清晰简洁地介绍了墨西哥的地理概况，并以同样的方式介绍了墨西哥的历史。研究者毫不掩饰这样一个事实，即最初的阿兹特克文化具有举行非常残忍的仪式的特征。他将墨西哥居民归为半蛮族，企图类比曾经的"西欧蛮族"这一概念。当自己的国家被征服时，他们习惯于不仅在行政上，而且在宗教上也被其他民族所统治。在洪堡眼中，基督教的传教工作是在对当地人的胁迫下进行的，推动当地人改变信仰的动力是政治和宗教的结合。西班牙人传教的背后隐藏着对当地国家的文化瑰宝和经济价值的物质需要。

洪堡还研究了不同宗教崇拜的符号形式，他将西方的鸽子和阿兹特克神鹰作类比并把它们作为新的"圣灵"的象征。在这位普世主义者关于墨西哥的著作中，他将世界文化进行了比较，而这项民族学研究没有狭隘思想和意识形态包袱。亚历山大·冯·洪堡的地理学研究论文让他远远领先于自己所在的时代。

探险家们在墨西哥度过了 1803 年和 1804 年之交，1804 年 3 月 7 日，洪堡和邦普兰离开墨西哥，从韦拉克鲁斯（Veracruz）出发前往古巴。他们只在那里停留了几个星期，就踏上了最后一段旅程：前往美利坚合众国。托马斯·杰斐逊（Thomas Jefferson）时任美国总统，他于 1800 年首次竞选获胜后，立即以极其优惠的条件买下了法国的殖民地路易斯安那。那时殖民地的面积比今天的同名州大得多，几乎多出三分之一。为了

亚历山大·冯·洪堡的美洲之旅路线（1799—1804 年）

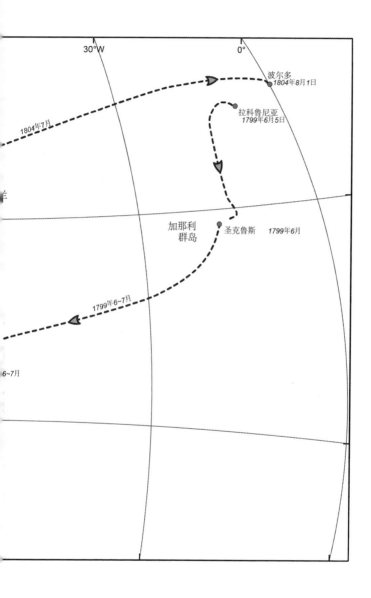

30°W

0°

1804年7月

波尔多
1804年8月1日

拉科鲁尼亚
1799年6月5日

加那利
群岛

圣克鲁斯　*1799年6月*

1799年6~7月

6~7月

探索这片土地，杰斐逊委派一批探险家深入了解关于这块新领地的植物情况、动物栖息和地理环境。探险队于1804年春天出发，几乎与洪堡和邦普兰抵达美国的时间相同。洪堡和邦普兰于1804年5月20日抵达费城，1804年6月1日至13日期间在华盛顿特区停留。在这段时间里，他们与美国总统多次见面。由于刚启动了对路易斯安那殖民地的考察任务，杰斐逊对这位刚刚游历了南美地区以及古巴和墨西哥广阔地区的欧洲自然科学家非常感兴趣。此外，总统和这位探险家在政治问题上也很合拍，杰斐逊是一位自由主义者，他赞成废除死刑和奴隶制。[105]

对华盛顿的访问无疑是一抹亮色，但同时也标志着漫长探险的结束。1804年7月9日，洪堡和邦普兰渡过特拉华河（Flusses Delaware）的河口。他们横渡大西洋，于8月1日在法国波尔多（Bordeaux）登陆。这趟考察的科学分析对洪堡此后在欧洲的生活产生了决定性的影响。

第 9 章

对话歌德

亚历山大·冯·洪堡心情愉悦，1807 年 4 月，他在柏林弗里德里希大街（Friedrichstrasse）的一栋花园洋房里从窗户向外眺望，春日旖旎的嫩绿映入眼帘。回到欧洲已经快三年了，抵达波尔多后，他旋即搬到巴黎定居。然而，在巴黎与拿破仑的会面给他留下了非常不快的回忆。这个科西嘉人傲慢的神情和对他的植物学工作轻蔑的评价深深地印在了洪堡的脑海中。现在，他回到柏林已经快一年半了。在此期间，拿破仑在 1806 年 10 月 14 日的耶拿和奥尔施泰特战役中给普鲁士带来了毁灭性的打击，国家陷入一片废墟。洪堡下定决心，要恢复人民的自信心。

1807 年年初，他在柏林科学院^①进行了一场精彩的演讲，介绍了他游历过的沙漠和草原。演讲引发了大众的共鸣。当时，他的旅行著作的第一部分是关于植物地理学的研究，¹⁰⁶ 刚刚完成。洪堡给他的朋友歌德寄去了

阿波罗撩起以弗所戴安娜的面纱。洪堡《植物地理学思想：以及一幅热带国度的自然之图》的献本，拉斐尔·乌尔班·马萨德根据伯特尔·托瓦尔森的画作制作的铜版雕刻，1805 年

---

① 本书的"柏林科学院"指代普鲁士科学院（Preußische Akademie der Wissenschaften）。

预印本，并请他的朋友——丹麦雕塑家伯特尔·托瓦尔森（Bertel Thorvaldsen）为其绘制了铜版画插图。图中的戴安娜是以弗所（Ephesus）的生育女神，象征着大自然母亲。戴安娜旁边站着光明之神阿波罗，他掀开了女神的头巾，从而揭示了她的秘密。在洪堡眼中，光明和艺术之神不是别人，正是歌德。预印本插图上的献辞碑上刻着歌德的作品名"植物变形记"。[107] 洪堡希望向歌德致敬，因为歌德的这部作品为植物学树立起一座里程碑。从今天的角度来看，这一举动绝非仅仅是对这位伟大的魏玛诗人和学者展示出的一种礼节性姿态。[108] 更多人认为，对揭秘大自然的描绘是对浪漫主义新神话和自然哲学的一种影射。

当洪堡坐在书桌前给瑞典皇家科学院回信时，一位侍从递给他一封信。洪堡兴奋不已地接过信，他一眼就认出了信上的印章和歌德的笔迹。这位魏玛学者对他的植物地理学书稿有何反馈？为什么歌德花了这么长时间才回复？他是否感到被谴责了——他没有用智力和判断去理解自然，反而是怀着浪漫的憧憬去感知自然？

信很厚，洪堡几乎无法抑制自己的好奇心。除了信，他还发现了这位枢密顾问亲自绘制的一幅图。图上是陆地的正视图，左边是旧大陆（欧洲），右边是新大陆（美洲）。歌德为两个大陆各选取一个山区为例进行描绘：左边是阿尔卑斯山，最高峰是勃朗峰，上面还画着征服者——瑞士人索绪尔；右边是安第斯山脉及用于区分的气候带。最高峰下方的位置，海拔约 3100 突阿斯（约 6000 米）处，他将洪堡画成一个小人，向左边的勃朗峰征服者挥手致意。在画面的右下方，他画出了一条小鳄鱼，正在注视着画面中央偏左下角的献辞碑。碑文上打算题词"献给亚历山大·冯·洪堡先生。"[109]这位普鲁士自然科学家很快就在歌德的信中找到了相应的文字：

我已经通读了这本书好几遍，由于没有看到你之前许诺的大平均值（großen Durchschnitts），我立即自己想象了一幅风景画，在这幅画中，欧洲山脉和美洲山脉的高度按照画在纸上的 4000 突阿斯的比例交相映衬。

歌德在信中继续写道，

我把这幅半戏谑半认真的草图副本寄给你，请你用钢笔和不透明的颜色随意修改，也请你在画上提出任何意见，并尽快寄回给我。[110]

洪堡有点失望，尽管信中的其他部分包含了来自魏玛枢密顾问的许多敬意，但这幅荒谬的画到底是为了什么呢？洪堡对比了高度值，立即发现了第一个不准确之处。那个愚蠢透顶的鳄鱼又是怎么回事？他付出了多少辛劳，才给他的朋友歌德寄了一部植物地理学的作品，并附上了给他的献辞纪念碑图。戴安娜和阿波罗的版画还是由一位很重要的艺术家创作的！而这就是歌德的回信。洪堡很恼火，但也有点好笑，他情不自禁地对鳄鱼会心一笑，一边纠正歌德画中不正确的高度信息，一边盘算着戏谑回去。

自洪堡从热带归来后，与歌德的关系似乎跟 18 世纪 90 年代的时候有些许不同。那时，亚历山大是他哥哥威廉的翻版，是威廉把他介绍给魏玛圈子的。在考察新大陆之后，这位普鲁士科学家自信心大增。他真的像今天人们有时强加在他身上的指责那样，对歌德的自然研究持批评态度吗？尽管存在分歧，但两位学者间并没有造成深深的伤害。亚历山大·冯·洪堡于 1831 年 1

欧洲和南美洲山脉比较（歌德初绘草图的修复版）。这幅"想象风景"的水彩画是歌德本人于 1807 年为洪堡的旅行著作所画。本画作基于歌德 1813 年的重绘修正的献礼图及洪堡和歌德的信件。图的左边和右边的山上已经分别绘有索绪尔及洪堡，天空上有

盖－吕萨克的热气球。献礼图在正式发表前按照洪堡提出的修改
意见修订了好几个版本，并在图中央偏左下位置的石块上标注"歌
德献给亚历山大·冯·洪堡先生"，但这张草图的相应位置上还没有

月 26 日和 27 日拜访了歌德，当时这位枢密顾问已经年过八旬，并在一年后去世。

从热带归来后，洪堡在法国首都巴黎的圣日耳曼街区暂住。巴黎为这位自然科学家的科学抱负提供了理想的工作环境，1804 年夏季和秋季，法国学术界接连邀请他参加讲座，介绍自己的考察之旅。他也没有完全忽略自己去到新大陆之前就深深着迷的研究领域，例如他与法国化学家兼物理学家约瑟夫·路易·盖 - 吕萨克（Joseph Louis Gay-Lussac）一起对空气成分进行了化学分析。

1805 年春，他与盖 - 吕萨克和地理学家弗朗茨·奥古斯特·奥埃策尔（Franz August O' Etzel）一起前往意

化学家约瑟夫·路易·盖 - 吕萨克于 1778 年出生于法国中部，是亚历山大·冯·洪堡的亲密好友。盖 - 吕萨克研究大气的组成及其在压力和温度变化时的表现。1804 年，他参与了两次热气球飞行，在第一次飞行中达到了 4000 米的高度，第二次飞行甚至达到了 7000 米。同年，洪堡和盖 - 吕萨克开展了大气的化学分析，样本来自热气球考察。盖 - 吕萨克专注于化学的定性问题，并提出了维度分析法，用来计算溶液中物质的浓度。他于 1850 年去世，盖 - 吕萨克 & 洪堡奖至今仍颁发给德国和法国的杰出科学家，以纪念这两位学者。

大利拜访他的哥哥威廉。这期间，威廉一直从事外交工作，并担任普鲁士驻罗马教廷特使。[111]

亚历山大·冯·洪堡在安第斯山脉探索过的火山世界，到了意大利依旧令他魂牵梦萦。在罗马探望威廉后，他随旅行队前往意大利南部，地理学家利奥波德·冯·布赫（Leopold von Buch）也加入其中。洪堡对亚平宁半岛的火山现象特别感兴趣，并于 1805 年 7 月底登上了维苏威火山（Vesuv）。他有幸目睹了维苏威火山在 1805 年 8 月 12 日和 13 日之间的喷发。然而，洪堡未能与同伴们一起前往伊斯基亚（Ischia），继续他们的旅程。

洪堡在奥里诺科河的危险旅程和攀登安第斯山脉的旅途中都保持了良好的健康状况，但他却在意大利病倒了。他真的得了器质性疾病吗？还是他在热带之旅后正在寻找新的身份？

同年 2 月，他成为柏林科学院成员。洪堡并不特别欣赏的奥得河畔法兰克福大学，那个他与威廉只学习了一个学期的地方，就在他攀登维苏威火山时，该大学在他缺席的情况下授予他哲学博士学位。显然，这位学者再也无法回避对普鲁士的访问，于是他从意大利出发，经德国南部返回，在阔别 9 年后于 1805 年 11 月 16 日抵达柏林。普鲁士政府热情接待了这位如今在整个欧洲都备受尊崇的学者，并授予他各种头衔和年金。根据内阁令，他每年可领取 2500 塔勒的年金。在那时，他还不需要国家的资助。然而，在接下来的几年里，他将得来的家族遗产继续用于出版书籍和个人生活开支，因此也越来越依赖于政府的年金。最终，在 1805 年 12 月，抵达普鲁士一个半月后，亚历山大·冯·洪堡被任命为普鲁士宫廷总管。

1806 年 1 月 30 日，洪堡在柏林科学院发表了他的首次学术演讲，他谈到了识读过的植物的自然相貌特征。鉴于热带植物的多样性，洪堡提出根据美学特征对植物进行分类的想法，这有别于林奈的系统。就在这次公开演讲的一个月后，亚历山大给歌德寄去了演讲的印刷文本：

……我现在必须亲自揭开自己的秘密，因为性格上的弱点促使我尽快把关于植物相貌识读的小文章寄给您。这是我对实体植物的研究对象进行审美处理的一次粗浅尝试。……多年来我一直过得乱七八糟，很少能说出准确的语言。此外，在德意志，脚下的地面非常湿滑，这让我变得更加谨慎和笨拙。……我在这里过着令人厌恶的生活，人们的情绪肤浅得令人发指，比什么植物都没有的荒地和苍白灰暗的天空更糟。……我的健康也受到了欧洲气候的影响，而这里又是如此逼仄、死气沉沉。[112]

从新大陆回来后，亚历山大·冯·洪堡发现自己很难在欧洲重新站稳脚跟。显然，他在适应环境方面遇到了问题。这不仅与天气有关，还与思想和政治氛围有关。他曾推崇的法国大革命理想正面临崩溃，拿破仑正准备以军事力量统治整个欧洲。市民们对科学话题兴趣不大，这就是洪堡在给歌德的信中谈到民众"肤浅得令人发指"的原因。

枢密顾问歌德为洪堡这篇于1806年1月30日在《耶拿共同参考报》(*Jenaische Allgemeine Literaturzeitung*)上发表的关于"植物相貌识读之思"(*Ideen zu einer Physiognomik der Gewächse*)演讲的文字版本[113]写了评论，并对热带之旅给予了极高的评价。他将洪堡的思想比作"头份天赐的礼物，就像装在丰饶角里异常美味的水果"[114]。歌德称赞了这本书的写作理念，并特别强调了洪堡所描述的植物形象的浓缩呈现。诗人相信，阅读《植物相貌识读之思》会让读者的感受升华：

> 在自由美丽的天空下，人们所见过的全部最美好、最迷人的植物都在心灵中生动起来，想象力被巧妙地……以最有力、最令人愉悦的方式具象化。[115]

通过这篇评论，歌德暗示了洪堡的一个意图，也是这位演讲稿作者的心愿：洪堡作为自然科学家，希望通过这些风景画卷来帮助他的读者或听众从心灵上摆脱拿破仑时期欧洲动荡的政治局势。洪堡认为阅读本身并不是目的，而是几乎具有疗愈的功能。这意味着他要用想象力带领读者（听众）踏上心灵之旅，进入一个"将他从生活的惊涛骇浪中解救出来的世界……进入森林的灌木丛，穿过无边无垠的大草原，登上安第斯山脉的山脊"。[116] 大自然不再只是研究者探索的空间，也是读者（听众）寻求宁静的栖息之所。洪堡也从这一角度出发，于 1808 年出版了《大自然的肖像》。这部作品基于他在柏林科学院举办的讲座内容，例如关于南美洲沙漠的演讲[117]。洪堡于 1807 年 1 月 29 日就这个主题发表了演讲。

与此同时，耶拿战役和奥尔施泰特战役之后，普鲁士局势进一步恶化。因此，洪堡希望通过这部演讲集为受压迫的人们[118]提供一个想象的庇护所，这个愿望随着本书的出版也变得愈发重要。然而，大型的、带插图的旅行著作仍然需要很长时间才能完成。与此同时，洪堡完成了另一部长篇科学论文《植物地理学思想：以及一幅热带国度的自然之图》（*Ideen zu einer Geographie der Pflanzen: nebst einem Naturgemälde der Tropenländer*）。[119] 在这部著作中，洪堡更加详细地论述了植物的相貌识读，并建立了一个模型，将各具特色的植物群落安排到世界上的中心地理区域。[120] 本作的核心是一幅安第斯山脉剖面图，并配有测量刻度。这幅

"自然画剖面图"描绘的是安第斯山脉，并配有科学比例尺。洪堡将这幅画加入他的《植物地理学思想：以及一幅热带国度的自然之图》的第一卷中。"剖面图"（Profiltafel）一词来自洪堡研究学者汉诺·贝克（Hanno Beck），他详细分析了这幅安第斯山的画作以及画上的科学信息。除了科托帕希火山和钦博拉索火山，洪堡还记录了以下参数：以突阿斯为单位的海拔、根据所在地高度确定的动物、根据高度和气压确定的水的沸腾温度。这位自然科学家在两座山的描绘中放入了他观察到的植物名。这幅剖面图展示了洪堡典型的将自然美学与科学精确结合在一幅画中的风格。

亚历山大·冯·洪堡美洲游记中的"自然画剖面图"（局部）。这位学者将图画描绘、海拔数据和科学观察相结合，创立了植物地理学。路

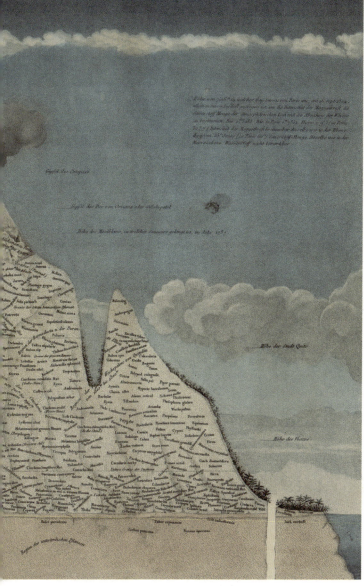

易·布凯 1807 年根据洛伦茨·舍恩伯格和皮埃尔·特平根据洪堡素
描绘制而制作的彩色铜版画。印刷物的实际尺寸约 4 米宽、2.7 米高

剖面图展现了洪堡对热带的理性和感性认识。

1806 年至 1807 年期间，洪堡的事务绝不仅仅是在柏林科学院进行公开演讲。普鲁士政府赞赏这位受人尊敬的自然科学家的外交和沟通技巧。在耶拿和奥尔施泰特战役惨败一年后，他被普鲁士官员和改革家海因里希·弗里德里希·卡尔·冯·施泰因帝国男爵（Heinrich Friedrich Karl Reichsfreiherr vom und zum Stein）委派执行政治任务。他与国王腓特烈·威廉三世（Friedrich Wilhelm Ⅲ）最小的弟弟威廉王子一道，与法国建立联系并重新组织与该国的外交关系。因此，洪堡于 1807 年 11 月 13 日离开柏林前往巴黎，威廉王子于 1808 年 1 月随之前往。

在法国大都市，洪堡做出了一个决定，这将影响他未来接近二十年的人生：不返回柏林，而是定居在巴黎。他年近四十，人生目标有二：首先，他想出版自己的科考著作，这需要几十年的时间才能完成。其次，他计划第二次远征，前往亚洲。在他看来，与柏林相比，巴黎能为这两个计划提供更好的科学环境。

接下来的几年，这位自然科学家并没有大放异彩。他需要潜心对自己的科考之旅进行总结，其结果随时

物理学家弗朗索瓦·阿拉戈于 1786 年出生在佩皮尼昂附近，是洪堡除邦普兰和盖 - 吕萨克之外最亲密的朋友之一。洪堡和阿拉戈 1809 年在巴黎相遇。洪堡这位普世学者对物理学家的仅限一定的波长的偏振光学实验特别感兴趣。阿拉戈于 1830 年被任命为巴黎天文台台长。当 76 岁的洪堡从柏林来到巴黎时，还饶有兴趣地听取了阿拉戈关于物理学和天文学的讲座。两位学者之间的友谊深厚，充满信任。1853 年 12 月，洪堡为这位法国科学家的著作撰写了序言。而此时，阿拉戈已离世 3 月有余。

有可能被新兴的自然科学成果所取代。唯一的亮点是前往欧洲城市和各地区的几次小旅行。在巴黎期间，他继续扩大自己的人脉网。在精挑细选的圈子里，有化学家盖 - 吕萨克、法国物理学家弗朗索瓦·阿拉戈（François Arago），还有他曾经的旅伴艾梅·邦普兰。

由于独身一人没有家庭牵绊，洪堡可以将全部精力都投入到研究中。然而，他却有可能无法实现他在《大自然的肖像》中提出的首要目标，即对自然进行宏观概述。[121] 直到晚年，这位学者才终于实现他从未放弃过的整体地、科学地进行描绘的目标。

第 10 章

多面手

    1828 年初春某日，阴冷潮湿的天气让人更想待在家里，但仍有数百人涌向歌唱学院（Singakademie），聆听一位科学家的系列"宇宙公开课"，他从去年 12 月起就令柏林人着迷。他曾长期居住在巴黎，现在终于回到了自己出生的城市定居，他便是伟大的学者亚历山大·冯·洪堡。在场的许多听众都读过他的游记《大自然的肖像》。不久前，该书的第二版出版，再次大获成功。这部作品不仅在学术界广泛流传，还有许多市民、商贾，尤其是妇女，都希望能目睹这位旅行家作者的风采。就连他的朋友歌德也在小说《亲和力》中向他致敬。他让主人公奥蒂丽说："我多想亲耳听听洪堡讲他的故事，哪怕只有一次。"[122]

尽管这个柏林能找到的最大室内空间里坐满了近八百人，但当这位学者走进演讲大厅的时候，全场立刻安静，甚至被有些紧张的气氛所笼罩。洪堡已年近六旬，灰白的头发和略显佝偻的身躯与他炯炯有神的目光形成鲜明对比。洪堡心满意足地望着眼前一排排的听众。让科学为大众服务，这是他的目标，并且他已经实现了这个目标。

　　那天晚上，这个普鲁士人的心情特别好，因为他即将接受一项远赴俄罗斯帝国的提议。俄罗斯帝国财政

柏林歌唱学院，1827—1828 年"宇宙公开课"的地点。版画，作于 1848 年

部部长康克林伯爵格奥尔格（Georg，Graf von Cancrin）建议这位学者前往俄罗斯帝国的欧洲和亚洲地区进行考察。

　　洪堡从未想过完全放弃考察亚洲的梦想。然而，跟他1799年准备踏上热带之旅时相比，他当下的处境有些捉襟见肘。此前，他的大部分财产已经花光，在巴黎的生活只能用昂贵来形容。此外，出版著作也耗费了巨额资金。但现在，一切似乎都有了转机。

亚历山大·冯·洪堡在柏林弗里德里希维德教堂的屋顶上。爱德华·加特纳创作的"柏林全景"中的局部细节，包括海德薇教堂（左）、皇家图书馆和歌剧院，1834年

听众的热情鼓舞了我们的科学家，他再一次走到了"宏观概述"的大路上。长久以来，普世的"宇宙模型"的想法一直萦绕在他的脑海中。在这个模型中，所有的知识领域都将结合在一起，形成一个统一体。这些领域包括天体科学、天文学和地球科学等。洪堡对一系列的数据和事实不感兴趣，对他来说，自然科学是人类文化史的一部分。因此，在这个阴雨绵绵的日子里洪堡在歌唱学院发表的第十三次演讲重点涉及了"古文明民族及其成就"。

首先他向听众介绍了阿拉伯人的时代：

在天文学、地理学、医学和物理学方面，他们的勤奋产生了非常出色、有益的结果，甚至在我们当今的文化中，许多阿拉伯词汇仍然证明着它们的影响力。特别是，天空中也留有他们统治的痕迹，大多数星座都有阿拉伯语的名称。[123]

听众热情高涨，有些人看起来十分惊奇。在这里，有人说出了历史的真相，而不仅仅是片面地关注古代文化。洪堡将探索美洲大陆作为重大事件向听众介绍：

（它）对同时代人的思想产生了多么强烈的影响，它留下的印象又是多么无与伦比，这些痕迹我们在所有当代作家的作品中都能找到。[124]

对新大陆的探索最终导致了对地球的重新丈量，这就是洪堡在演讲中得出的结论。对他来说，是科学发现造就了历史，而不是个人：

陈腐的学术教条主义曾对更加自由的研究造成了最为严重的束缚，此时它不得不让位于一种更纯粹的自然观，这一事实无可争辩地归因于时代精神的进步，而非个别人的影响。[125]

尽管洪堡在这一背景下谈论的是 15 世纪和 16 世纪的事件，但他的听众们都能很好地捕捉到里面的信息。在 19 世纪，技术和科学的成就将要给社会带来改变。来自柏林各行各业的诸多人士都来听这场公开课，就是最好的证明。

大厅依然被专注的静谧所笼罩着，然而洪堡并不想沉湎于过去，只做一场历史讲座：

然而，我们越接近现代，就越难清楚地知道在认识整个自然界方面所取得的进展，因为各类观察和经验变得越来越多，也越来越重要。[126]

洪堡来到了现在。当下比过往更难理解，因为过往总是更容易从回顾的角度进行分析。随后，这位学者列举了近几十年来进行的旅行探险。他提到了英国航海家和探险家詹姆斯·库克的世界航行，还提到由自然科学家格奥尔格·福斯特所做的科学描述：

海洋的温度、深度以及温度下降情况得到了分析并确定，而年轻的福斯特还对不同民族的风俗习惯以及植物的外貌特征进行了巧妙地描述，值得称赞的是，他从哲学角度总结了所有这些观察结果，并融入一幅自然画卷中。[127]

洪堡一点也没有提到他自己的考察之旅，然而几乎在场的每个人都联想到了这位学者的热带探险。

最后，洪堡提到伏特电堆是 19 世纪最伟大的发现之一。[128] 伏特电堆被看作是电池的前身。电流是通过两种金属之间的化学电位差产生的。通过意大利人亚历山德罗·伏特的这一发明，电报，即信息的电子传输成为可能。洪堡一边继续讲解，一边自嘲地笑了笑。他想起了自己三十多年前在耶拿用青蛙肌肉做的电流实验，当时在场的除了卡尔·奥古斯特公爵和歌德外，只有十几个观众。现在，他轻轻松松就能获得数百名听众的热烈掌声，他们看起来都在期待着下一次"宇宙公开课"的到来。

亚历山大·冯·洪堡于 1808 年 2 月至 1827 年 4 月居住在巴黎。在此期间，他过着学者的生活，忙于讲学和出版自己的著作。他图文并茂的游记《1799—1804 年 Al.de 洪堡和 A. 邦普兰的新大陆赤道地区之旅》（*Voyage aux régions équinoxiales du nouveau continent fait en 1799-1804，par Al.de Humboldt et A. Bonpland*）[129] 出版历时数十年，需要大量的时间、精力和金钱。与此同时，自然科学却以惊人的速度进步着。热带之行所做测量的有效期随着每一次新的发现而缩短。然而，追求完美的洪堡不想让任何过时的出版物出现在图书市场上。因此，他努力不断改进自己的研究成果。然而，这恰恰是他不希望看到的：宏观概述会被细节所掩盖。而他想要成为一个普世主义者，试图向听众和读者传播整个世界的图景。

洪堡在巴黎的研究所景象：拉丁区的自然历史博物馆和天文台。弗朗索瓦·丹尼斯·尼根据巴蒂尔创作的彩色蚀刻版画，约1780年

他还对自己"仅仅到达"南美洲感到痛苦，从新大陆归来不到一年，他就表达了踏上亚洲之旅的愿望，此后，他对新探险的渴望越来越强烈。[130] 洪堡是被迫如此的吗？如果我们将其理解为一个机敏的头脑被强烈的科学好奇心所指挥和驱使，那么答案是肯定的。

尽管如此，这位普鲁士学者还是以坚定的原则而著称。终其余生，他没有放弃过自己的普世主义思想，他从不满足于局限在某一方面。在个人生活的规划方面，他也毫不妥协。他在巴黎一直未婚，后来到了柏林，也是独自为科学事业献身。对于讲座、荣誉博士学位和学院成员资格，他欣然接受，但拒绝了加入普鲁士公务员队伍成为官员的邀请，比如 1810 年夏天卡尔·奥古斯特·冯·哈登贝格首相邀请他担任"文化和科学院主任"，这是普鲁士文化和科学部的一个高薪职位。然而，他再也不想回到普鲁士国家的政治官僚机构中去了，因为在热带考察之前，他就已经受够了。

然而，放弃公务员职位并不意味着自动放弃政治。1814 年，当普鲁士军队在第一次战胜拿破仑后进入巴黎时，他全力以赴，最终成功地保住了这个法国大都会的自然历史博物馆。普鲁士国王腓特烈·威廉三世则充分利用了这位在法国备受推崇的自然科学家的语言和外交技巧，而亚历山大·冯·洪堡也得益于自己游走在两种文化间的优势。

但与此同时，他也认识到了这个位置的局限性。一年后，拿破仑最终战败，胜利者对拿破仑从亚琛大教堂掠夺到卢浮宫的文物圆柱表现出极大的兴趣。洪堡呼吁将这些被掠夺的艺术品留在巴黎，这使他在《莱茵商报》（*Rheinischen Merkur*）[131] 上受到了极为负面的评价。

在当时那个民族国家逐渐形成的年代，在文化之间搭建桥梁的使者可谓是举步维艰。可以理解的是，这位自然科学家也拒绝了普鲁士驻巴黎公使的职位，他希望保持独立，也许是他的哥哥威廉先一步被提名担任这一职务的事实反而更坚定了他的决心。然而，法国人却将这位法学家和语言学家视为不受欢迎的人（Persona non grata）。[132] 因此，威廉·冯·洪堡从 1817 年起担任普鲁士驻伦敦公使一职。

最终，科学领域相对于政治领域来说更适合亚历山大·冯·洪堡，他逐渐说服了普鲁士国王腓特烈·威廉三世同意他前往印度半岛和西印度群岛 [133] 的计划。然而，1799 年的情况可惜并没有重演。在西班

1804 年从热带地区回来后，洪堡着手出版自己的游记。他希望向读者描述他在新大陆期间的整体情况。此外，他还有一项核心关切，就是始终呈现最新的研究成果。洪堡低估了任务的艰巨性，他认为自己能够在两年内出版完整的游记。接近三十年后，最后一卷才得以问世。由于出版商的多次更迭，对于洪堡研究来讲，很难完成一部历史批判版的游记全集。此外，书的许多部分还以法文出版，后来才被翻译成德语。因此，即使在洪堡逝世一百五十余年后的今天，"洪堡游记"仍是一个未完结的主题。

牙国王那里是可成之事，但到了英国政府那里却无可奈何。亚历山大·冯·洪堡前往印度和英国在亚洲其他的殖民地国家的计划遭到了英国王室的拒绝。一方面，英国人反感他受到普鲁士国王的支持。此外，这位学者不再是一张白纸，他曾批评过拉丁美洲地区的殖民弊端。

亚历山大·冯·洪堡受到启蒙思想的影响，认为法律面前人人平等是一个基本的政治目标。这在这样一个欧洲民主的发祥地是不可能实现的，因为其成功就在于通过奴隶和廉价劳动力对殖民地进行经济剥削。[134]

大概是出于这个原因，英国拒绝了这位年近六十的自然科学家的请求。然而，这桩亚洲考察未成行的确切原因尚不清楚。

不过终于，卷帙浩繁的游记《1799—1804 年 Al.de 洪堡和 A. 邦普兰的新大陆赤道地区之旅》艰苦的出版工作逐渐完成。1825 年 8 月初，歌德收到了寄给他的最后一卷。旧的项目大功告成，新的征程即将开始。然而，洪堡所担心的事情还是发生了。呈现出的出版成果并不是紧凑、完整的作品集，而是大量陆续出版的单独卷册。宏观概述的整体印象未能完美地得到传达。

因此，年近六十的洪堡开始了新的冒险。1825 年 7 月，他在巴黎蒙托邦（Montauban）侯爵夫人①的沙龙里为一个小的听众圈子举办科学讲谈。[135] 作为演讲者，他继续对听众施展了无比的吸引力。在柏林，洪堡进一步发挥了这一才能。1827 年 11 月至 12 月 6 日，他开始举办一系列"物理地理学"公开讲座，后来被称为"宇宙讲座"或"宇宙公开课"。[136] 在讲座中，这位学者揭开了从天文学到普通地理学的科学世界全景图。

直到 1828 年 3 月 27 日，他在柏林歌唱学院举办了 16 场"宇宙公开课"，这为他 1833 年开始撰写的另一部重要科学著作及其后续的出版奠定了基础。该书第一卷在十多年后出版，1859 年，洪堡去世前几周，最后一卷完稿。《宇宙：对世界的简要物理描述》（*Kosmos-Entwurf einer physischen Weltbeschreibung*，以下简称《宇宙》）这部著作是开启一段理解亚历山大·冯·洪堡这位普世主义者的旅程的一扇理想的大门。

---

① 阿尔曼丁·德·蒙托卡姆（Armandine de Montcalm）或称"蒙托卡姆侯爵夫人"，有时也被称为"蒙托邦侯爵夫人"。

第 11 章

生命平衡：科学著作《宇宙》

在我动荡漂泊一生的晚年，我要向德意志民众奉献这样一部作品，它的朦胧形象在我的脑海中已经漂浮了接近半个世纪。……对生活的外部环境和对浩如烟海的知识不可抗拒的冲动，令我花费数年时间且看似只专攻个别学科……，作为一次伟大考察之旅的提前准备，回首看来，学习的真正目的实际上是更加崇高的。推动我这样做的主要动力，源于一个愿望……，要把自然作为一个通过内部力量推动的活跃整体来加以阐述。[137]

在《宇宙》的序言中，作者解释了描绘一幅19世纪上半叶科学全景图的动机。

对于亚历山大·冯·洪堡来说，《宇宙》绝不是一部"晚年作品"。如果我们从序言的写作时间上减去序言中提到的"半个世纪",我们就会发现自己身处1793年到1794年间。[138]

亚历山大·冯·洪堡在他的书房里,当时他正在撰写《宇宙》的一部分。彩色印刷画,根据爱德华·希尔德布兰特的水彩画创作,1845年

彼时,正是这位自然科学家刚刚就任国家矿业工程师之时,也正是在此期间,他提出了前文提到的"世界物理学"(physique du monde)这一重要概念。要理解洪堡的科学思想,"monde"一词的翻译尤为重要。德语有两种译法:"地球"(Erde)和"世界"(Welt)。德国洪堡研究的奠基人汉诺·贝克确信,"monde"一词的

终极含义是对整个世界的物理描述，是对所有天文和地理现象的研究。而英文表述较为烦琐，但也更加精确："A sketch of a physical description of the universe"（对宇宙的简要物理描述）。[139] 代表宇宙的两个德语词"Das Universum""der Kosmos"——这样的表述意味着对整体的追求，当洪堡还是一名采矿业的年轻工程师之时，就已经怀着这样的初心。

洪堡在序言中提到的考察之旅使他与个别学科，如植物学和地球物理学等，有了密切接触，但他从未忘记宏观概述，可见他作为自然科学家是卓越的浮士德式①学者。他富有求知欲，并认为自己的目标不是在日常琐碎的自然科学实验中实现，而需服务于更崇高的使命。与浮士德不同的是，洪堡并没有对世界感到绝望。

《宇宙》一书用令人印象深刻的方式证明洪堡成功实现了普遍性和特殊性的艰难平衡。[140] 它也是一项伟大的思想成就，因为它以一己之力在自然科学与人文科学之间架起了一座桥梁。19世纪中叶，大学设置的各学科已在各自的知识领域中实现了专业化；而在洪堡的学生

---

① 浮士德是一名文艺复兴时期德语地区的炼金术师。他自逝世以来，开始成为民间传说与文学中的主题，他的形象通常与极强的求知欲及出卖灵魂挂钩。

时代，那个早于 19 世纪的年代，这一步尚未迈出。学者亲身体会了学科的分化。但专业化是要付出代价的，自然科学与人文科学在解决"世界的核心是什么"[141]这个问题上发生了冲突。

洪堡并不认为自然和人文这两极之间存在任何矛盾，反而在《宇宙》中认识到二者之间的共生关系：

> 如今人们喜欢将自然与人文领域对立起来，似乎人文并不包含在整个自然之中；人们也喜欢将自然与艺术对立起来，而后者在更高的意义上被视为人类所有精神生产力的化身；所以切不可继续这样将物质与智力相分离地对立，使世界物理学沦为仅仅是靠着经验收集而形成的细节累积。科学的起点，是心灵对物质的占有，是对大量经验进行理性认识的尝试；科学是心灵对自然的转向。[142]

这位已然耄耋之年的学者在当时的言论到了一百余年后的今天仍不失其现实意义。哲学家和科学理论家于尔根·米特斯特拉斯（Jürgen Mittelstraß）认为，人文科学的作用是为个人指出方向。[143] 精确科学数据的累计却无法完成这项任务。因此，洪堡选择的宇宙概念涉及与人文科学的对话。在洪堡这位自然科学家眼中，世界物理学不仅仅是细节的堆砌。

《宇宙》一书并不仅仅描绘天文和地理现象。在1800年之前，洪堡就已经开始研究有生命的对象。洪堡在其《大自然的肖像》中将世界各地发现的植物种类描述为生命形式，并在《植物相貌识读之思》一文中描述了典型形态。[144] 他在伟大旅程中所取得的发现，对于其他科学家来说，在洪堡航行考察归来四十余年之后仍不过时。他对所有生命形式（包括从单细胞生物到一般动物）的关注，持续决定着他的科学思想：

　　自从我在《大自然的肖像》中描述了地球表面的多样性，即有机生命体按深度和高度的分布以来，埃伦伯格（Ehrenberg）在"关于极地国家海洋和冰层中最微小生命的行为"中的杰出发现，并非通过组合结论，而是精确地观察，以令人意外的方式大大拓展了我们在这方面的知识。将生命的领域，或者说生命的地平线，在我们眼前拓宽了。"地球的两极附近不仅存在着肉眼难以看到的、用显微镜才能发现的、持续活跃的生命……；

Simia ursina.

一种被命名为"Simia ursina"的吼猴。亚历山大·冯·洪堡不仅对植物生命形式感兴趣，也对动物生命形式感兴趣。尼古拉斯·韦特1807年的彩色铜版雕刻，载于亚历山大·冯·洪堡和艾梅·邦普兰《动物学和比较解剖学观察记录》，第 1 卷，图 XXX，1811 年

在詹姆斯·罗斯（James Ross）船长的南极航行中也收集到了极其丰富的南极海域微观生命形态，它们以前不为人知，往往异常精致"。[145]

这位学者始终忠于他在《大自然的肖像》中形成的科学世界观。世界上的动植物无处不在，且充满魅力。他从未怀疑过这个事实。他把最新的发现，例如在南极洲发现的生命形态，看作是对自己想法的证实和进一步发展。这位学者总是与他的时代同频共振，并在《宇宙》中引用19世纪初那个时代的科学发现，他提到了克里斯蒂安·戈特弗里德·埃伦伯格（Christian Gottfried Ehrenberg）的论文，引用了该论文的标题"关于极地国家海洋和冰层中最微小生命的行为"[146]。这篇文章是以1844年5月9日这位动物学家兼地质学家在柏林科学院的演讲为依据写成的。

就这样，在不放弃自己基本信念的前提下对新见解秉持开放的态度是洪堡科学观的另一大特点。然而，对他来说，将人文科学和自然科学的研究方法混为一谈却是不可理喻的。他反对推测和"组合结论"[147]。归根结底，只有"精确地观察"[148]这一条正道。

《宇宙》的现实意义不仅体现在跨学科的对接上，这位自然科学家的发言已经显示出对科学伦理的敏感性。

亚历山大·冯·洪堡对原始细胞形态心怀崇敬之情，并将其视为生命的奥秘。尽管对知识孜孜以求，但对他来说还是有一些禁区的存在，其中就包括新细胞的形成，这是一个至今仍未解开的生命之谜：

在对有机生命的零碎的观察中，我从最简单的细胞、生命的第一口呼吸开始……黏液颗粒堆积形成具有一定形状的细胞形成核，在其周围形成一层膜，变为一个封闭的细胞［洪堡在这里引用了植物学家马蒂亚斯·许莱登（Matthias Schleiden）的观点］[149]，这种细胞要么是由已经存在的细胞生成的，因此细胞是由细胞形成的，要么细胞的形成过程被笼罩在化学过程的黑暗之中，就像所谓的发酵真菌那样。充满奥秘的生命本质在此只能略微提及。[150]

任何一个如此深入研究世界上不同生命形式的人，都无法绕开人类的存在。洪堡首先分析了外部因素对人类分布的影响。他见过世界上各种气候带中的许多植物、动物和人，认识到外界环境对人类生命形式的影响：

> 如果我在这里没有勇气根据人类的身体差异和同时代人种类型的地理分布，根据他们与地球力量的相互影响，拿出用几行字去描述人类，那么我勾勒出的大自然图景将是不完整的。依赖着土壤和大气循环过程（虽然不如植物和动物的依赖程度高），人类在地球的整个生物圈中是重要的组成部分。借由这种关系，灰暗模糊、备受争议的"共同血统的可能性"问题就包含在"从物理角度描述世界"这个思想范畴中了。如果我可以这样表述的话，我的工作的终极目标便是基于更崇高和纯粹的人类利益来研究这个问题。人类的各族语言不计其数，各族命运也在其母语中得到了预示性的反映，最可分辨出"本是同根生"的亲缘关系。[151]

在这一点上，亚历山大·冯·洪堡触碰到了自身科学研究的边界。

一位学者，在研究千姿百态的自然现象长达数十年后，终于意识到，不同的栖息地导致了人类和动物生命形态对当地的适应。这一观察结果与受神学影响的模型形成了鲜明对比，神学模型认为人类本身是由造物主在某个时间点召唤而生的。洪堡在《宇宙》一书中将这一宗教信条描述为"灰暗模糊、备受争议的问题"，但并没有对其进行反驳。基于此，英国学者查尔斯·达尔文在其著作《物种起源》[152]中给出了自然科学的答案。洪堡避免了对抗，转而在《宇宙》中开始研究语言。也许正是人类最后的秘密让他如此敬畏，以至于他不想揭开这层神秘面纱。诚然，洪堡在《宇宙》中没有完成《圣经》中从创世到人类进化的质的飞跃，但这丝毫没有减少这部作品的科学价值。

> 1831 年年底，年仅 22 岁的查尔斯·达尔文（Charles Darwin）开始周游世界。他将五年科考之旅中的观察记录在日志《"小猎犬"号航海记》中。在这本日志里，我们多次看到亚历山大·冯·洪堡的名字，他的南美游记激起了这位年轻旅行家的兴趣。回国后，达尔文（同洪堡一样）由于继承了大笔财富，能够作为私人学者，评估并写下他在旅途中收集到的观察结果。这位英国人试图将在世界各地观察到的动植物归纳到他的进化理论的抽象模型当中。与之相反，洪堡则是实证研究的支持者，他希望尽可能全面地展示所有的观察结果。1859 年 11 月，洪堡逝世 6 个月后，达尔文出版了他的传世之作《物种起源》。

第 12 章

元素衰亡

卡尔·弗里德里希·辛克尔为莫扎特《魔笛》中的夜之女王咏叹调
设计的星空舞台。在此背景下,洪堡进行了 1828 年德意志自然科
学家和医师协会的大会开幕致辞。飞尘法版画,C. F. 蒂勒制作,
1816 年

从 1827 年冬天至 1828 冬天的"宇宙讲座"和"宇宙公开课",到 1845 年春天《宇宙》[153] 第一卷印刷出版,洪堡走过了漫漫长路。这些年,他不仅劳形于案牍,还汲汲于繁杂事务。1828 年的亮点无疑是 9 月 18日至 24 日在柏林举办的"德意志自然科学家和医师协会"的第七届大会。在此期间,哥廷根数学家约翰·卡尔·弗里德里希·高斯(Johann Carl Friedrich Gauß)住在洪堡的家里。这个科学史上的事件近几年再次回到大众的视野中,是因为青年作家丹尼尔·克尔曼(Daniel Kehlmann)被翻译成多国语言的畅销小说就选择了这一历史性的会面作为开头。

2005 年出版的双人传记《丈量世界》一书的作者丹尼尔·克尔曼介绍了自然科学家亚历山大·冯·洪堡和数学家卡尔·弗里德里希·高斯(1777—1855 年)这两位为科学献身的学者。1828 年 9 月,"德意志自然科学家和医师协会"在柏林举行的大会是二者会面的契机。在这期间,高斯一直住在洪堡家中。历史事件在这部小说中得到了准确再现。洪堡的热带之旅以及数学家在哥廷根天文台的工作都化作小说的主题。

这次大会吸引了来自欧洲各地的一流自然科学家和医生齐聚柏林,亚历山大·冯·洪堡荣幸地在会议上致开幕词。这是一位富有激情的科学家追求真理的自白，而真理只有在不同立场的思想交锋中方能显现出来。

洪堡不仅是一个普鲁士人，在19世纪初就已经是一个充满热情的欧洲人。国与国之间不闻不问、自扫门前雪的情况在他看来是不可行的，未来的重大使命只能通过国家间的合作来完成。因此，在柏林致开幕辞的主要目的之一，就是让来自斯堪的纳维亚的众多与会者也加入协会[1]：

自上次大会以来，……德意志自然科学家和医师协会因邻国和学术界的踊跃参与而焕发出夺目的光彩。同根同源的友邻们希望重续德意志与哥特－斯堪的纳维亚北方国家之间的古老联盟。这样的参与值得我们更强烈的认可，因为大量的事实和观点出人意料地补充进来，使我们在这里能够进行富有成果的广泛对话。……愿这些未被跨国或跨海旅途劳顿所妨碍的杰出人才，无论来自瑞典、挪威、丹麦、荷兰、英国还是波兰，都加入协会之中，为其他国际学者指明未来几年的发展方向，也使德意志祖国的每个角落都能享受到来自欧洲各国科学

---

[1] 该协会到今天仍然存在。——原文注

交流所带来的振奋的影响。……真理不辩不明，因为真理不可能在同一时间被所有人所全部知晓。[154]

洪堡认为，科学始终具有国际性，只有在正反两方的辩证过程中才能解决问题。不足为奇的是，第二次世界大战之后，人们才开始重新发现亚历山大·冯·洪堡的价值——民族利己主义的时代终于结束了。鉴于1871年至1945年间的德国历史，他在大会上的讲话几乎具有先知的色彩。

另一个愿望也在"宇宙讲座"和"宇宙公开课"期间逐渐变得可行起来。俄罗斯帝国沙皇在其财政大臣——康克林伯爵格奥尔格的斡旋下，邀请洪堡前往俄罗斯帝国欧洲地区和亚洲地区进行考察。就这样，洪堡到亚洲科考的夙愿终于得以实现。1829年春，他启程前往俄罗斯帝国。然而，这次考察无法与1799年至1804年间的伟大远征相提并论。这一次，洪堡不是以私人学者的身份旅行，而是以客人的身份。而且旅行是基于沙皇的委托，对该国的各个地区进行地理考察。学者必须将敏感的政治问题，如贫困的俄罗斯农村人口的处境，排除在外。在游览期间，他还得参加一系列的社交招待会，这些招待会是为了向他表示敬意，但没有为创新性的科学问题留下任何讨论空间。

洪堡于 4 月 12 日启程，最初于 5 月抵达圣彼得堡宫廷。在与尼古拉一世（Nicholas Ⅰ）及其颇具影响力的财政大臣康克林伯爵格奥尔格会面后，洪堡继续前往莫斯科。他的随行人员众多。从柏林跟来了克里斯蒂安·戈特弗里德·埃伦伯格、矿物学家古斯塔夫·罗斯（Gustav Rose）和他的侍从约翰·塞弗特（Johann Seifert）。俄罗斯帝国政府则为洪堡提供了一批对考察感兴趣的科学家和侍从，这些人在考察的不同阶段被新加入者所取代。这样一来，洪堡成了整个俄罗斯帝国被看管得最"仔细"的人。

洪堡在俄期间最重要的行程是 1829 年 6 月 25 日从叶卡捷琳堡出发前往乌拉尔北部。在那里，这位前采矿工程师参观了无数的棚屋和矿井，这些设施展示了俄罗斯帝国不容小觑的丰富矿产资源。尽管事先确定了前往西西伯利亚①的确切路线，但自然科学家还是设法改变了计划。他绕道阿尔泰山脉，1829 年 8 月 17 日，洪

———————————

① 西西伯利亚位于乌拉尔地区和叶尼塞河之间，它是整个西伯利亚地区的一部分。

堡站在中国边境前。在那一头，有他终其一生都想要探索的地区。然而，他只能继续向乌拉尔南部前进，并于 10 月 12 日到达伏尔加（Wolga）河畔的阿斯特拉罕（Astrachan）市。回程途经莫斯科，1829 年 11 月 13 日，洪堡回到圣彼得堡。

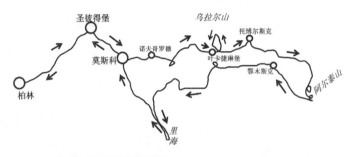

洪堡 1829 年俄罗斯帝国之旅示意图

　　大约两星期后，在圣彼得堡科学院的一次特别会议上，他报告了自己的旅程——他在俄罗斯帝国和西伯利亚的广袤土地上走了大约 15000 千米。科学院成员格雷戈尔·冯·赫尔默森（Gregor von Helmersen）将军曾陪同这位普鲁士学者，他后来描述学者给他留下的印象：

　　洪堡当时走路慢悠悠的，头微微前倾。即使是在旅途中，在马车上，我们也从未见过他穿着除了深棕色或黑色的燕尾服，领口的白色领带，还有头上的圆帽以外的其他服装。

他在燕尾服外面罩一件同样深色的长外套。他的步履匀称、缓慢，小心翼翼却又冷静稳健。他从不骑马前进；在马车走不动的地方，他就下车继续步行，攀登高山或翻越石海，也丝毫不显疲惫。……即使是经历了劳累的长途跋涉之后，他也总是一如既往地节制饮食，而且常常需要努力拒绝……俄罗斯人热情待客时额外奉

圣彼得堡涅瓦河上的大理石宫殿的景色。洪堡在访问俄罗斯帝国时在此受到沙皇尼古拉一世的接见。水粉画，威廉·巴特绘，1812 年

上的食物……他的态度总是……那样无可指摘的友好亲切，这才是真正贵族所特有的。[155]

其实在前往俄罗斯帝国之前，洪堡就遭受了厄运的沉重打击：嫂子卡洛琳于 1829 年 3 月 26 日去世。她被安葬在蒂格尔城堡的花园里，洪堡兄弟俩也将在那里安息。

从俄罗斯帝国回来后，洪堡给自己定下的任务是将"宇宙讲座"及"宇宙公开课"的内容整理成文字稿，并总结俄罗斯帝国－西伯利亚之行的成果。这本游记的第一部分自他从俄罗斯帝国返回一年多后以法文出版，书名为"亚洲地质学和气候学片段"（*Fragments de géologie et de climatologie asiatiques*）[156]；另一部分"中亚"（*Asie centrale*）在 12 年后的 1843 年出版，最初同样是在巴黎。在这两卷书中，洪堡不仅引用了自己的观察和测量成果，还经常借鉴其他科学家的研究成果。

洪堡对法兰西情有独钟。尽管他从 1827 年起就一直住在柏林，但他几乎每两年就会去一次巴黎。在那里，他继续代表普鲁士国王履行外交使命，并与其他科学家保持联系。

然而，到了这个年代，他也开始不得不向许多知己告别，不仅仅是他的嫂子卡洛琳。1831年，在从巴黎返回柏林的途中，他到访了魏玛，并于1月26日和27日最后一次见歌德，一年后歌德去世。1835年4月8日，亚历山大的哥哥威廉在蒂格尔城堡去世，失去手足令他深感悲痛。

5年后，他经历了王位的更迭。新任普鲁士国王腓特烈·威廉四世（Friedrich Wilhelm Ⅳ）要求这位享誉欧洲的学者分出更多精力为宫廷服务，并任命他为普鲁士国务委员会（Staatsrat）的成员。随着时间的流逝，

洪堡曾代表两位普鲁士国王执行外交任务：腓特烈·威廉三世（左），铜版雕刻画，E. 曼德尔作，约1825年；其子腓特烈·威廉四世（右），铜版雕刻画，古斯塔夫·吕德里茨作，约1845年

洪堡逐渐为日益增多的荣誉、学院成员资格和荣誉博士学位等虚名所累，责任和义务也在同样增长。尽管普鲁士国家每年为他提供 5000 塔勒的年金，但已不够用。与此同时，他的家族遗产已经用尽，在 77 岁时，他被迫开始从普鲁士国家银行贷款，并用他的出版物的收入偿还。

自 1842 年起，这位学者一直住在奥拉宁堡大街（Oranienburger Straße）的一处寓所中。一年前他就立下了遗嘱，他的侍从约翰·塞弗特（Johann Seifert）被指定为他全部财产的继承人。为此，侍从必须照顾这位直到去世前不久仍保持清醒头脑的年迈老者。

1848 年革命期间，洪堡扮演了调停者的角色，努力使普鲁士国王缓和下来。晚年的洪堡与年轻时一样，身上具有启蒙运动的理想特征。同时，他也体现出受过良好教育的普鲁士贵族形象。他为"三月革命"①中遇难的

---

① 德意志 1848—1849 年革命（德语：Deutsche Revolution 1848/1849），其最初阶段亦被称作"三月革命"（德语：Märzrevolution）"三月革命"是在 1848 年于诸多欧洲国家爆发的一系列革命中的一部分。该革命活动由工人阶级和中产阶级领导，是在德意志邦联及整个奥地利帝国境内爆发的松散抗议；革命主要展现了更广泛的德意志主义，是普遍对继承神圣罗马帝国德意志领土的德意志邦联内 39 个独立邦国分裂且专制的传统政治结构表达了不满，但受到了保守派的镇压，致使军队与革命者之间产生激烈的流血冲突。"三月革命"直接地促进了政府与改革派的谈判，而一系列革命最终导致奥地利皇帝斐迪南一世退位，梅特涅亲王辞去首相职位。

亚历山大·冯·洪堡（78 岁）。达盖尔照相法，赫尔曼·比奥摄，1847 年

同胞感到悲痛，并加入了送葬的队伍。1850 年，他还在悼念 1848—1849 年革命中普鲁士阵亡士兵的吊唁簿上签名，这两项举动显然是在履行自己的爱国责任。洪堡对 1848 年 3 月发生的事件不持任何意识形态观点，他一生都秉持着博爱主义。

1858 年，年近九旬的洪堡最后一次目睹了普鲁士王室的更迭，当

洪堡获黑鹰勋章。照片，1857 年

时病重的腓特烈·威廉四世无法继续统治，因此政治和行政权力传给了弟弟威廉一世（Wilhelm Ⅰ）。洪堡出生时，腓特烈大帝尚在位。这位学者经历了四位普鲁士君主的统治。

洪堡的目光落在一摞书籍和他的《宇宙》手稿上，最近几周，洪堡时常感到虚弱，以前他总是能恢复体力，但这一次不同了，他感到大限将至。1859 年 3 月，他在报刊上公开发表了一封急信，在信中，洪堡恳请获得"宁静和闲暇，以完成自己的工作"[157]。洪堡再也无法回复众多的信件，之前平均每年他都要写 1600 到 2000 封回信，而今他要用"宁静和闲暇"来完成剩余

的出版工作。完成《宇宙》是他的最大心愿。两个多星期前，他在手稿副本上添加了注释。最后一卷在他去世后出版，这无疑是按照洪堡的意愿执行的。他的肉体并非为永恒而生，但他的著作却注定不朽。

侍从塞弗特刚刚拉开窗帘，打开窗户一小会儿，春天的气息就涌入病人的房间。这与洪堡在蒂格尔城堡生病时的气氛相似。当时，医生海姆一直守在年幼的亚历山大床边。如今，门边放着一大筐来自世界各地的信件。一些人祝愿洪堡早日康复并表示敬意，但也有年轻学者的求助来信和若干出版请求。洪堡原本想认真地逐一回复，但再也做不到了。他一生取得了诸多成就，为科学献身，并在此过程中耗尽了自己的财富——清白的良心从未受到折磨。他无妻无子，孑然一身。出版作品的稿酬总有一天会还清所有债务。洪堡自嘲地笑了笑，他还是无法摆脱财政学者的思维。纵使死亡近在眼前，他依然在考虑收入和支出。

他想起了自己作品中的一段话。在《生命力，或罗得岛的格尼乌斯》中谈到了生命力的消失。洪堡对这段话依然倒背如流：

现在，地球上的物质开始行使它们的权利。镣铐解开了，长久的匮乏过后，它们终于可以放肆地顺从自己成群结队的本能；（生命的）死亡之时倒成了它们的新婚结合之日。[158]

他做过足够多的化学实验，观察过化合物的衰变和生成——死亡亦无甚特别！

在 1859 年的春天，他的体力继续衰减。5 月初，这位学者再也无法从病床上起身。5 月 6 日下午 2 时 30 分，洪堡溘然长逝，遗体被安放在家中图书室的灵床上。我们恐怕无法找到比这里更与他相配的地方了。

亚历山大·冯·洪堡的签名，1804 年 9 月，给普鲁士国王来信的落款处，信中最后一次汇报南美探险的情况

注　释

1 Otto Krätz：Alexander von Humboldt. Wissenschaftler，Weltbürger，Revolutionär. München 2000，S. 13 f.（奥托·克雷茨，《亚历山大·冯·洪堡——科学家、世界公民、革命者》，慕尼黑，2000年，第13页）

2 Douglas Botting：Alexander von Humboldt. Biographie eines großen Forschungsreisenden. München 2000，S. 13 f.（道格拉斯·博丁，《亚历山大·冯·洪堡——一位伟大探险家的传记》，慕尼黑，2001年，第7—21页）

3 Otto Krätz：Alexander von Humboldt, a.a. O.，S. 14.（奥托·克雷茨，《亚历山大·冯·洪堡》，同前，第14页）

4 同上，第18页。

5 同上。

6 Ilse Jahn und Fritz G. Lange（Hg.）：Die Jugendbriefe Alexander von Humboldts 1787–1799. Berlin 1973（Beiträge zur Alexander-von-Humboldt-Forschung，2），Briefe Nr.4–6，8，10–13，15–16，18，21，26，33，46，54，S. 7–107.（伊尔塞·扬和弗里茨·G. 兰格编，《1787年至1799年亚历山大·冯·洪堡青年时代的书信》，柏林，1973年《亚历山大·冯·洪堡研究论文集（第二部）》，书信编号4–6、8、10–13、15–16、18、21、26、33、46、54，第7—107页）

7 此处应提及书信体小说，约翰·沃尔夫冈·冯·歌德的《少年维特之烦恼》（*Die Leiden des jungen Werther*）。收录于：汉堡版，共14卷，埃里希·特伦茨编，慕尼黑，1994年，第六卷，小说和小说集1，第7—124页（In：Hamburger Ausgabe（HA）in 14 Bänden. Hg.von Erich Trunz. München 1994，Band VI，Romane und Novellen I，S. 7–124），以及弗里德里希·荷尔德林（Friedrich Hölderlin）的《许佩里翁，或希腊的隐士》（*Hyperion oder Der Eremit in Griechenland*）。美因河畔法兰克福，1980年（Frankfurt a. M. 1980）。

8 Ilse Jahn und Fritz G. Lange（Hg.），a.a. O.，S. 7.（伊尔塞·扬和弗里茨·G. 兰格编，同前，第7页）

9 Wolfgang-Hagen Hein：Alexander von Humboldt und die Pharmazie. Stuttgart 1988（Veröffentlichungen der Internationalen Gesellschaft für Geschichte der Pharmazie N. F. 56），S. 13 ff. [沃尔夫冈-哈根·海因，《亚历山大·冯·洪堡与医药学》，斯图加特，1988年（国际药学史协会出版物，新版，56期），第13页及以下]

10 伊尔塞·扬和弗里茨·G. 兰格编，同前，第68页。

11 Alexander von Humboldt：Ansichten der Kordilleren und Monumente der eingeborenen Völker Amerikas. Hg.von Oliver Lubrich und Ottmar Ette. Frankfurt a. M. 2004，Tafel I–II，S. 21–25.（亚历山大·冯·洪堡，《科迪勒拉山脉风景和美洲原住民纪念碑》，奥利弗·卢布里奇和奥特马尔·埃特编。美因河畔法兰克福，2004年，图版 I —II，第21—25页）

12 伊尔塞·扬和弗里茨·G. 兰格编，同前，第108页及以下。

13 Alexander von Humboldt：Mineralogische [n]Beobachtungen über einige Basalte am Rhein. Braunschweig 1790.（亚历山大·冯·洪堡，《对莱茵河畔玄武岩的矿物学观察》，不伦瑞克，1790）

14 伊尔塞·扬和弗里茨·G. 兰格编，同前，第202页。

15 Schillers Werke. Nationalausgabe. Hg.von Norbert Oellers und Frithjof Stock. Weimar 1977，Briefwechsel，Bd.29，S. 113.（《席勒作品集》，全国版，由诺伯特·奥勒尔斯和弗里乔夫·斯托克编，魏玛，

1977 年,《书信往来》, 第 29 卷, 第 113 页)

16 伊尔塞·扬和弗里茨·G. 兰格编, 同前, 第 204 页。

17 同上。

18 奥托·克雷茨,《亚历山大·冯·洪堡》, 同前, 第 32 页及以下。

19 Adolf Meyer-Abich: Alexander von Humboldt. Reinbek 1998, S.
32.（阿道夫·迈耶 - 阿比希,《亚历山大·冯·洪堡》, 赖恩贝克,
1998 年, 第 32 页)

20 圣经, 创世记, 1: 9—13。

21 Horst Beinlich u.a.（Hg.）: Magie des Wissens. Athanasius Kircher
1602–1680. Universalgelehrter, Sammler, Visionär. Dettelbach
2002, S. 105 f.（霍斯特·贝尼利希等人编,《知识的魔力》, 阿萨
内修斯·科瑞彻, 1602—1680 年,《博学多才, 收藏家, 有远见
的人》, 德特尔巴赫, 2002, 第 105 页)

22 Hans-Dietrich Dahnke und Regine Otto（Hg.）: Goethe Handbuch
4/2. Personen, Sachen, Begriffe, L–Z. Stuttgart/Weimar 2004,
Stichwort:《Neptunismus/Vulkanismus》, S. 801 ff.（汉斯 - 迪特里
希·达恩克和雷吉娜·奥托编,《歌德手册》4/2,《人物、事物、
信件》, L–Z, 斯图加特 / 魏玛, 2004 年, 关键词: Neptunismus/
Vulkanismus, 第 801 页及以下)

23 Peter Berglar: Wilhelm von Humboldt. Reinbek 1996, S. 32.（彼得·伯
格拉尔,《威廉·冯·洪堡》, 赖恩贝克, 1996 年, 第 32 页)

24 《席勒作品集》, 同前, 第 29 卷, 第 112 页。

25 伊尔塞·扬和弗里茨·G. 兰格编, 同前, 第 79 页。

26 伊尔塞·扬和弗里茨·G. 兰格编, 同前, 第 203 页及以下。

27 Wolfgang-Hagen Hein: Alexander von Humboldt. Leben und Werk.
Frankfurt a. M. 1985, S. 32.（沃尔夫冈 - 哈根·海因,《亚历山
大·冯·洪堡——生平与作品》. 法兰克福, 1985 年, 第 32 页)

28 Horst Fiedler und Ulrike Leitner: Alexander von Humboldts Schriften.
Bibliographie der selbständig erschienenen Werke. Berlin 2000, S. 4

ff.（霍斯特·费德勒和乌尔里克·莱特纳，《亚历山大·冯·洪堡的作品——独立出版的书目》。柏林，2000 年，第 4 页及其后各页）

29 同上，第 7—10 页。

30 Alexander von Humboldt：Versuche über die gereizte Muskel und Nervenfaser. Bd. I. Posen/Berlin 1797.（亚历山大·冯·洪堡，《受刺激的肌肉和神经纤维的实验》第一卷。波兹南 / 柏林，1797）

31 Werner E. Gerabek，Bernhard D. Haage，Gundolf Keil und Wolfgang Wegner（Hg.）：Enzyklopädie Medizingeschichte. Berlin/New York 2005，S. 1352 f.（沃纳·E. 盖拉贝克、伯纳德·D. 哈格、冈多夫·凯尔和沃尔夫冈·韦格纳编，《医学史百科全书》。柏林/纽约，2005 年，第 1352 页）

32 同上，第 528 页。

33 沃尔夫冈 - 哈根·海因，《亚历山大·冯·洪堡——生平与作品》，同前，第 200 页及以下。

34 沃纳·E. 盖拉贝克、伯纳德·D. 哈格、冈多夫·凯尔和沃尔夫冈·韦格纳编，同前，第 1459 页。

35 Margit Wyder：Bis an die Sterne weit? Goethe und die Naturwissenschaften, Frankfurt a. M. /Leipzig 1999，S. 55–79.（马吉特·维德，《远至星际？歌德与自然科学》。美因河畔法兰克福 / 莱比锡，1999 年，第 55—79 页）

36 Helmut Seidel：Spinoza zur Einführung. Hamburg 1994.（赫尔穆特·赛德，《介绍斯宾诺莎》，汉堡，1994 年）

37 Goethes Werke（HA），a.a. O.，Bd. XIII，S. 107–109.［《歌德作品集》（汉堡版），第十三卷，第 107—109 页］

38 同上，第 10—20 页。

39 参见 Die Anthropologie des jungen Schiller. Zur Ideengeschichte der medizinischen Schriften und der«Philosophischen Briefe». Würzburg 1985.（《年轻席勒的人类学——关于医学著作和"哲学书信"的思想史》，维尔茨堡，1985 年）

40 Helmut Koopmann（Hg.）：Schiller-Handbuch. Stuttgart 1998，S. 547.（赫尔穆特·库普曼编，《席勒手册》，斯图加特，1998 年，第 547 页）

41 Alexander von Humboldt：Ansichten der Natur. Zit.nach Adolf Meyer-Abich（Hg.）：Die Lebenskraft oder der rhodische Genius. Stuttgart 1999，S. 112–117.（亚历山大·冯·洪堡，《大自然的肖像》，引自阿道夫·迈耶 - 阿比希编，《生命力，或罗得岛的格尼乌斯》，斯图加特，1999 年，第 112—117 页）

42《圣经》，摩西书 1，3：19。

43 沃纳·E. 盖拉贝克、伯纳德·D. 哈格、冈多夫·凯尔和沃尔夫冈·韦格纳编，同前，第 292 页及以下。

44《席勒作品集》，同前，第 29 卷，第 112 页起。

45 Otto Krätz：Goethe und die Naturwissenschaften. München 1998，S. 114–121.（奥托·克雷茨，《歌德及自然科学》，慕尼黑，1998 年，第 114—121 页）

46 Walter Müller-Seidel：«Naturforschung und deutsche Klassik. Die Jenaer Gespräche im Juli 1794». In：Untersuchungen zur Literatur als Geschichte. Festschrift für Benno von Wiese. Hg.von Vincent J. Günther，Helmut Koopmann，Peter Pütz und Hans Joachim Schrimpf. Berlin 1973，S. 61–78.（沃尔特·穆勒 - 塞德尔，《自然研究与德国古典主义。1794 年 7 月的耶拿会谈》。收录于《文学史研究》，献给本诺·冯·维泽的纪念文集。文森特·J. 冈瑟、赫尔穆特·库普曼、彼得·普茨和汉斯·约阿希姆·施里姆普夫编。柏林，1973 年，第 61—78 页）

47 Kurt-R. Biermann，Ilse Jahn und Fritz G. Lange（Hg.）：Alexander von Humboldt. Chronologische Übersicht über wichtige Daten seines Lebens. Berlin 1968，S. 16.（库尔特 -R. 比尔曼、伊尔塞·扬和弗里茨·G. 兰格编，《亚历山大·冯·洪堡——按时间顺序概述他生命中的重要日期》。柏林 1968 年，第 16 页）

48 Alexander von Humboldt: Schriften zur Physikalischen Geographie（STA）. Bd. VI. Hg.von Hanno Beck. Darmstadt 1989.［亚历山大·冯·洪堡，《物理地理学著作》(斯图加特荷勒林版)，第六卷，汉诺·贝克编，达姆施塔特，1989 年］

49 伊尔塞·扬和弗里茨·G. 兰格编，同前，第 532 页及以下。

50 霍斯特·费德勒和乌尔里克·莱特纳，同前，第 553 页。

51 Alexander von Humboldt: Reise in die Äquinoktial-Gegenden des Neuen Kontinents. Hg.von Ottmar Ette. Bd. I–II. Frankfurt a. M. 1999, Bd. I, S. 66 f.（亚历山大·冯·洪堡，《新大陆赤道地区之旅》，奥特玛·埃特编，第一卷至第二卷，法兰克福，1999 年，第一卷，第 66 页）(此处《新大陆赤道地区之旅》即正文中的《1799—1804 年 Al.de 洪堡和 A. 邦普兰的新大陆赤道地区之旅》的德文版，以下采用前者作为简称)

52 同上，第 102 页及以下。

53 同上，第 103 页。

54 同上，第 114 页。

55 同上，第 122 页。

56 亚历山大·冯·洪堡，《大自然的肖像》(斯图加特荷勒林版)，同前，第五卷，第 77 页

57 亚历山大·冯·洪堡，《新大陆赤道地区之旅》，同前，第 129 页。

58 同上，第 126 页。

59 亚历山大·冯·洪堡，《科迪勒拉山脉风景和美洲原住民纪念碑》，同前，第 385 页。

60 伊尔塞·扬和弗里茨·G. 兰格编，同前，第 590 页

61 Alexander von Humboldt: Versuche über die chemische Zerlegung des Luftkreises und über einige andere Gegenstände der Naturlehre. Braunschweig 1799.（亚历山大·冯·洪堡，《关于空气循环化学分解实验和其他自然科学课题》，不伦瑞克，1799 年）

62 奥托·克雷茨，《亚历山大·冯·洪堡》，同前，第 51 页及以下。

63 亚历山大·冯·洪堡，同前，第 58 页及以下。

64 霍斯特·费德勒和乌尔里克·莱特纳，同前，第 17 页。

65 阿道夫·迈耶 - 阿比希，同前，第 62 页。

66 库尔特 -R. 比尔曼、伊尔塞·扬和弗里茨·G. 兰格编，同前，第 23 页。

67 亚历山大·冯·洪堡，《新大陆赤道地区之旅》，同前，第一卷，第 773 页。

68 同上，第二卷，第 774—778 页。

69 同上，第 773 页。

70 Loren A. McIntyre：Die amerikanische Reise. Auf den SpurenAlexander von Humboldts. Hamburg 2000，S. 125.（洛伦·A. 麦金泰尔，《美国之旅：追随亚历山大·冯·洪堡的脚步》（Die amerikanische Reise. Auf den Spuren Alexander von Humboldts），汉堡，2000 年，第 125 页）

71 亚历山大·冯·洪堡，《新大陆赤道地区之旅》，同前，第二卷，第 888 页。

72 同上，第 921 页。

73 同上。

74 同上，第 796 页起。

75 同上，第 1150 页。

76 同上，第 1153 页。

77 亚历山大·冯·洪堡，《新大陆赤道地区之旅》，同前，第一卷，第 256 页。

78 同上，第 255 页及以下。

79 同上，第 357 页。

80 奥托·克雷茨，《亚历山大·冯·洪堡》，同前，第 105 页。

81 亚历山大·冯·洪堡，《新大陆赤道地区之旅》，同前，第一卷，第 362 页。

82 亚历山大·冯·洪堡，《大自然的肖像》（斯图加特荷勒林版），同前，第 14 页。

83 洛伦·A. 麦金泰尔，同前，第 96 页。

84 亚历山大·冯·洪堡，《大自然的肖像》(斯图加特荷勒林版)，同前，第 17 页及以下。

85 同上，第 192 页。

86 同上，第 184 页。

87 同上。

88 同上，第 192 页。

89 亚历山大·冯·洪堡，《新大陆赤道地区之旅》，同前，第二卷，第 1442 页。

90 Alexander von Humboldt: Cuba Werk（STA），a.a. O.，Bd. V.［亚历山大·冯·洪堡，《古巴著作集》,（斯图加特荷勒林版），同前，第五卷］

91 Alexander von Humboldt: Essai politique sur l'île de Cuba. Paris 1826. (亚历山大·冯·洪堡，《古巴岛政治》，巴黎，1826 年)

92 亚历山大·冯·洪堡，《古巴著作集》,（斯图加特荷勒林版），同前，第五卷，第 156 页。

93 同上，第 161 页。

94 洛伦·A. 麦金泰尔，同前，第 223 页。

95 Alexander von Humboldt: Über einen Versuch den Gipfel des Chimborazo zu ersteigen. Hg. Von Oliver Lubrich und Ottmar Ette. Berlin 2006, S. 84. (亚历山大·冯·洪堡，《攀登钦博拉索山顶的尝试》，由奥利弗·卢布里奇和奥特马尔·埃特编辑。柏林，2006 年，第 84 页)

96 同上，第 85 页。

97 同上，第 86 页。

98 同上，第 97 页。

99 同上，第 98 页。

100 洛伦·A. 麦金泰尔，同前，第 211 页及以下。

101 同上，第 217 页。

102 亚历山大·冯·洪堡，《攀登钦博拉索山顶的尝试》，同前，第 109 页及以下。

103 亚历山大·冯·洪堡，《墨西哥手稿》，《墨西哥的政治思想及地理风貌》（Politische Ideen zu Mexico. Mexicanische Landeskunde）（斯图加特荷勒林版），同前，第四卷，第 181 页及以下。

104 霍斯特·费德勒和乌尔里克·莱特纳，同前，第 183 页。

105 洛伦·A. 麦金泰尔，同前，第 303 页。

106 Alexander von Humboldt: Essai sur la géographie des plantes, accompagné d'un tableau physique des régions équinoxiales. Paris/Tübingen 1807.（亚历山大·冯·洪堡，《植物地理学思想：以及一幅热带国度的自然之图》，巴黎 / 蒂宾根，1807 年）

107 Hanno Beck und Wolfgang-Hagen Hein: Humboldts Naturgemälde der Tropenländer und Goethes ideale Landschaft. Zur ersten Darstellung der Ideen zu einer Geographie der Pflanzen. Stuttgart 1989, Tafel II.（汉诺·贝克和沃尔夫冈-哈根·海因，《洪堡关于热带地区的自然画和歌德的理想风景。关于首次呈现植物地理学思想的论述》，斯图加特，1989，图 II）

108 Hartmut Böhme: «Goethe und Alexander von Humboldt. Exoterik und Esoterik einer Beziehung». In: Ernst Osterkamp（Hg.）: Wechselwirkungen. Kunst und Wissenschaft in Berlin und Weimar im Zeichen Goethes. Bern u.a.2002, S. 173.（哈特穆特·博赫，《歌德与亚历山大·冯·洪堡——关系的表里》，摘自：恩斯特·奥斯特坎普编，《互动——在歌德影响下，柏林和魏玛的艺术与科学》，伯尔尼大学，2002 年，第 173 页）

109 汉诺·贝克和沃尔夫冈-哈根·海因，同前，图 II。

110 Ludwig Geiger: Goethes Briefwechsel mit Wilhelm und Alexander von Humboldt. Berlin 1909, S. 299.（路德维希·盖格，《歌德与威廉和亚历山大·冯·洪堡的通信》，柏林，1909 年，第 299 页）

111 彼得·伯格拉尔，同前，第159页。

112 路德维希·盖格，同前，第297页及以下。

113 库尔特-R. 比尔曼、伊尔塞·扬和弗里茨·G. 兰格编辑，同前，第34页。

114 亚历山大·冯·洪堡，《大自然的肖像》(斯图加特荷勒林版)，同前，第374页。

115 同上，第375页。

116 同上，第X页。

117 库尔特-R. 比尔曼、伊尔塞·扬和弗里茨·G. 兰格编辑，同前，第35页。

118 亚历山大·冯·洪堡，《大自然的肖像》，(斯图加特荷勒林版)，同前，第X页。

119 Alexander von Humboldt：Schriften zur Geographie der Pflanzen (STA)，Bd. I，S. 40–161［亚历山大·冯·洪堡，《植物地理学著作集》(斯图加特荷勒林版)，第一卷，第40—161页］

120 同上。

121 亚历山大·冯·洪堡，《大自然的肖像》，(斯图加特荷勒林版)，同前，第IX页

122《歌德作品集》(HA)，同前，《亲和力》。第六卷，小说和中篇小说 I，第416页

123 Alexander von Humboldt：Die Kosmos-Vorträge 1827/28 in der Berliner Singakademie. Hg. Von Jürgen Hamel und Klaus-Harro Tiemann. Frankfurt a. M. 2004，S. 162.(亚历山大·冯·洪堡，《宇宙公开课（1827—1828年于柏林歌唱学院）》。由宇尔根·哈梅尔和克劳斯-哈罗·蒂曼编辑。美因河畔法兰克福，2004年，第162页)

124 同上，第169页。

125 同上，第169页起。

126 同上，第172页。

127 同上，第 172 页。

128 同上，第 173 页。

129 霍斯特·费德勒和乌尔里克·莱特纳，同前，第 66—339 页

130 Herbert Scurla：Alexander von Humboldt. Sein Leben und Wirken. Berlin 1985，S. 223.（赫伯特·斯库拉，《亚历山大·冯·洪堡的生平和影响》，柏林，1985 年，第 223 页）

131 库尔特 -R. 比尔曼、伊尔塞·扬和弗里茨·G. 兰格编辑，同前，第 41 页。

132 赫伯特·斯库拉，同前，第 230 页。

133 库尔特 -R. 比尔曼、伊尔塞·扬和弗里茨·G. 兰格编辑，同前，第 43 页。

134 赫伯特·斯库拉，同前，第 231 页。

135 库尔特 -R. 比尔曼、伊尔塞·扬和弗里茨·G. 兰格编辑，同前，第 47 页。

136 亚历山大·冯·洪堡，《宇宙公开课（1827—1828 年于柏林歌唱学院）》，同前，第 11 页

137 Alexander von Humboldt：Kosmos. Entwurf einer physischen Weltbeschreibung(STA). Bd. I–II. Darmstadt 1993，Bd. I，S. 7.［亚历山大·冯·洪堡，《宇宙：对世界的简要物理描述》（斯图加荷勒林版）。第一至第二卷，达姆施塔特，1993 年，第一卷，第 7 页］

138 同上，第二卷，第 348 页。

139 同上，第 349 页。

140 Ilse Jahn und Andreas Kleinert：Das Allgemeine und das Einzelne. Johann Wolfgang von Goethe und Alexander von Humboldt im Gespräch. Halle（Saale）2003.［伊尔塞·詹恩和安德烈亚斯·克莱因特，《一般与特殊——约翰·沃尔夫冈·冯·歌德与亚历山大·冯·洪堡对话录》，哈雷（萨勒河），2003 年］

141《歌德作品集》（汉堡版），同前，第三卷，《浮士德》I，第 383 节。

142《宇宙》(斯图加特荷勒林版),同前,第一卷,第59页。

143 2008年1月14日出版《法兰克福汇报》,第7页。

144 亚历山大·冯·洪堡,《大自然的肖像》,(斯图加特荷勒林版),同前,第175—297页。

145 亚历山大·冯·洪堡,《宇宙》(斯图加特荷勒林版),同前,第一卷,第312页。

146 同上,第313页。

147 同上,第312页。

148 同上。

149 沃纳·E. 盖拉贝克、伯纳德·D. 哈格、冈多夫·凯尔和沃尔夫冈·韦格纳编辑同前,第1300页及以下。

150 同上,第319页。

151 同上,第320页。

152 查尔斯·达尔文,《物种起源:通过自然选择的方式或生存竞争中适者生存》。在第二版(英文)之后,作者为英译德版本撰写了历史序言和其他增补内容,由 H. G. 布朗(H. G. Bronn)博士注释。斯图加特,1860年

153 亚历山大·冯·洪堡,《宇宙》(斯图加特荷勒林版),同前,第一卷。

154 赫伯特·斯库拉,同前,第256—259页。

155 同上,第265页。

156 霍斯特·费德勒和乌尔里克·莱特纳,同前,第348—365页。

157 库尔特 -R. 比尔曼、伊尔塞·扬和弗里茨·G. 兰格编辑,同前,第79页。

158 亚历山大·冯·洪堡,《大自然的肖像》,(斯图加特荷勒林版),同前,第322页。

生平年表

1769 年	9 月 14 日，亚历山大·冯·洪堡于柏林出生。
1779 年	1 月 6 日，父亲亚历山大·格奥尔格·冯·洪堡少校去世。
1780—1787 年	继续接受家庭教育，于 1787 年 9 月进入奥得河畔法兰克福大学学习。
1788 年	3 月，结束奥得河畔的法兰克福大学学习，去柏林接受多方面教育，结识植物学家威尔德诺。
1789 年	1 月，第一次公开发表植物学相关文章。然后踏上了前往哥廷根的道路，一路上参观矿场、拜访名人； 5 月，就读于哥廷根大学； 9 月，与同窗好友开展自然考察之旅，在美因茨结识格奥尔格·福斯特。

1790 年	1 月，发表《对莱茵河畔玄武岩的矿物学观察》； 3 月 18 日，结束哥廷根大学学业，前往美因茨拜访福斯特； 3 月 25 日至 7 月 11 日，与福斯特前往莱茵河畔、荷兰、英国及法国考察旅行； 8 月，就读于汉堡的约翰·格奥尔格·布施主管的商业学院。
1791 年	4 月，完成商学院学习。然后开始谋求一份在普鲁士矿业部门的工作； 5 月成功申请到工作； 6 月 14 日，开始在萨克森选侯国弗赖贝格的矿业学院学习。6 月 24 日启程前往图林根参加哥哥的婚礼，并在路上开展地质调查； 8 月，在学习调查期间发现一条新矿脉。远行至波希米亚进行矿业学习。
1792 年	3 月 6 日，在毕业回到柏林后，洪堡被认定为"有表决权的评审员"； 9 月 6 日，晋升为弗兰肯公国的首席矿业监察员； 9 月 22 日至该年年底，在弗兰肯、巴伐利亚、奥地利和波兰进行矿业考察。
1793 年	1 月 15 日至 5 月 24 日，留在柏林； 5 月初发表《弗赖贝格植物标本》，展现自己对地下植物的研究。此文吸引了歌德的注意。5 月 30 日，受聘在弗兰肯公国履职，上任后提高了采矿效率并改善了工人工作环境。
1794 年	4 月，洪堡晋升为矿务专员。

1795 年	4 月 16—20 日，在耶拿，经由哥哥威廉的介绍邂逅了约翰·沃尔夫冈·冯·歌德，一起参与电化学实验； 7 月 17 日至 11 月初，前往意大利北部及瑞士。
1796 年	10 月，自掏腰包建立一所矿业学校；去矿井测试安全灯，在危险的条件下大获成功； 11 月 19 日，母亲玛丽－伊丽莎白·冯·洪堡逝世； 12 月 31 日，洪堡离开普鲁士公务员体系，开始谋划新大陆的远征。
1797 年	3 月 1 日至 4 月 25 日，在耶拿和魏玛逗留，期间在魏玛公爵卡尔·奥古斯特面前介绍电化学实验； 8 月停留于维也纳和萨尔茨堡（为科考远征做准备）。
1798 年	5 月 12 日，开始在巴黎开展学术活动，然后与法国植物学家艾梅·邦普兰接触； 10 月底至 12 月，待在法国南部。
1799 年	3 月，于西班牙国王卡洛斯四世的宫廷获得西班牙殖民地的居留许可； 6 月 5 日，从西班牙拉科鲁尼亚港出发，6 月 19 日抵达特内里费岛逗留至 6 月 25 日； 7 月 16 日至 11 月 18 日，因船上暴发疫病停留库马纳（今委内瑞拉），对天文和地理现象进行测量并提供数据。观察油夜鹰。
1800 年	2 月 7 日，从加拉加斯出发，踏上阿普雷河－奥里诺科河的溯源之旅，途中船只遭遇严重险情； 5 月 23—24 日，完成溯源之旅； 6 月 13 日，抵达安哥斯度度城，然后前往新巴塞罗那； 8 月 27 日，再次停留库马纳； 11 月 24 日，离开新巴塞罗那，穿过加勒比海至古巴。

1801 年	3月5日从古巴出发，途中船只遭遇险情，3月30日，抵达卡塔赫纳（哥伦比亚），一路考察至波哥大； 7月6日至9月8日，洪堡住在植物学家何塞·塞莱斯蒂诺·穆蒂斯在波哥大的家中，期间对当地的高原、矿山、瀑布等做细致考察。9月8日启程前往基多。
1802 年	1月至6月，结识蒙图法尔家族。考察周边自然环境及金字塔等人文古迹。三次攀登皮钦查火山； 6月23日，登上钦博拉索山，下山后沿利马方向继续考察安第斯山脉与亚马孙河，途经印加遗迹。对有色人种展现人文关怀； 10月22日，到利马（秘鲁）后进入当地档案馆调研；前往卡亚俄观测"水星凌日"，确定了利马和卡亚俄的纬度差； 12月5日，从秘鲁的卡亚俄港出发，前往墨西哥方向，途中确认的低温海流被称为"洪堡洋流"。
1803 年	1月，船只在瓜亚基尔登陆，洪堡在开展了4周的陆地考察后继续登船； 3月22日，抵达阿卡普尔科，由此前往墨西哥城，本年余下的时间均在墨西哥度过，进行多次地质地貌考察。
1804 年	3月7日，离开墨西哥； 3月20日第二次到古巴； 4月29日，乘上哈瓦那至费城的船，途中遭遇险情； 5月20日至6月30日，停留美国，与美国总统托马斯·杰斐逊多次见面； 6月30日—8月1日，洪堡登船从美国返回欧洲大陆，8月3日，在法国波尔多登陆。

1805 年	开始整理游记，这项工作将耗时近三十年；前往意大利探望哥哥威廉；多次登上维苏威火山；11 月 21 日，回到柏林在柏林科学院发表就职演说，此后一直积极在此平台发表学术报告；12 月被任命为普鲁士宫廷总管。
1806 年	1 月 30 日，在柏林科学院首次发表演讲，主题为植物相貌识读；9 月，因为观测到"磁暴"现象而开始开展一系列地磁相关试验。
1807 年	成为瑞典皇家科学院成员；发表多篇自然地理学研究，其中包括《植物地理学思想：以及一幅热带国度的自然之图》；与歌德互通书信探讨"新旧世界高度对比图"将《大自然的肖像》手稿寄给威廉；作为普鲁士外交随行人员前往法国。
1808 年	9 月，外交工作结束但洪堡决定定居巴黎；《大自然的肖像》出版；游记的第一、二卷出版。
1809 年	洪堡在巴黎结识物理学家兼天文学家弗朗索瓦·阿拉戈，并与之建立终生友谊。
1810—1813 年	继续开展地球物理学相关的研究与交流，并开始构思亚洲旅行计划。
1814 年	4 月，威廉·冯·洪堡到巴黎拜访了他的弟弟，洪堡兄弟被介绍给法国国王路易十八；6 月，亚历山大和威廉·冯·洪堡陪同普鲁士国王腓特烈·威廉三世前往伦敦进行政治访问。

1815—1816 年	在普鲁士王国与法国的战争中就法国博物馆问题斡旋，后针对自己在《莱茵商报》上受到的批评作申辩；继续整理研究作品和发表学术报告，研究测绘技术。
1817 年	到伦敦探望哥哥威廉，和阿拉戈一起在英国研究"旋转磁场"现象。
1818 年	10月，洪堡在亚琛的一次会议上觐见普鲁士国王腓特烈·威廉三世，后者为他亚洲之行计划提供了财政支持。
1819—1821 年	亚洲之行计划受到了更多关注；研究天文观测技术。
1822 年	洪堡作为腓特烈·威廉三世随行人员参加在维罗纳举办的会议，然后在意大利旅行；逐渐意识到亚洲之行要面临的重重阻碍。
1823 年	1月，自1807年离开后再次回到柏林； 2月，返回法国。
1824—1826 年	继续在巴黎科学院发表学术报告； 接受数学、物理的私人辅导； 在蒙托邦侯爵夫人的沙龙举办一系列宇宙讲谈（1825年年底至1827年年初）； 游记的最后一卷（第30卷）于1825年出版； 多次在法国和德国开展测量工作，并筹备回柏林定居事宜。

1827 年	4 月 14 日，洪堡离开巴黎，去英国就任普鲁士大使； 5 月，回到普鲁士王国，居所永久迁至柏林；在柏林科学院发表学术报告，并担任皇家资助的艺术类项目的管理员；开展热力、辐射等方面的研究； 11 月，开始在柏林大学讲授"宇宙讲座"； 12 月 6 日，开始在柏林歌唱学院举办他后来称为"宇宙公开课"的讲座活动。
1828 年	3 月 27 日，最后一次在歌唱学院讲授"宇宙公开课"，共计 16 场； 5 月 26 日，完成在柏林大学的最后一场"宇宙讲座"，共计 62 场； 6 月作为腓特烈·威廉三世的随访人员去波希米亚一个温泉小镇，在当地考察测量； 8 月，回到普鲁士王国后邀请志同道合者一同做磁性实验； 9 月 18—24 日，"德意志自然科学家和医师协会"第七届大会在柏林举行；洪堡主持会议并致开幕词，数学家卡尔·弗里德里希·高斯配合洪堡主持活动。
1829 年	1 月至 4 月，为柏林科学机构采购科学仪器，包括天文望远镜。继续为柏林科学院作学术演讲。学术研究涉及数学、磁力等； 3 月 26 日，嫂子卡洛琳·冯·洪堡去世； 4 月 12 日至 12 月 28 日，应俄罗斯帝国沙皇尼古拉一世的邀请，前往俄罗斯帝国和西伯利亚考察，每天的行程安排都很满，而洪堡在所到之处几乎都会作观测与收集。
1830 年	回到德国，整理观测数据；为其他学者学术作品作评审和序言撰写，发表一些合作作品。

1831 年	1月26—27日，洪堡出使巴黎返程途中，到魏玛拜访歌德； 2月21日至1832年4月底，洪堡重访巴黎，在当地科学院展示矿物样本； 9月，将亚洲地质与气候研究的书稿寄至法国，图书在同年出版。
1831—1834 年	继续作为普鲁士皇家艺术资助项目的管理员，将艺术家的工作进度汇报给皇室；继续支持科学机构的基础设施建设；开始研究传染病；1833年参加第十一届"德意志自然科学家和医师协会"大会，发表多篇演讲；积极参加希腊历史及文学的学习；参与物理和化学的研讨会；继续作为腓特烈·威廉三世的随行人员随同出访。
1835 年	4月8日，哥哥威廉在蒂格尔城堡去世； 6—7月，担任腓特烈·威廉三世的随访人员； 8月至12月，代表普鲁士政府，驻巴黎继续开展外交工作。
1836 年	回到柏林继续担任皇家随访人员；积极参与学术交流；在第十四届"德意志自然科学家和医师协会"大会上发表学术报告。
1837 年	在柏林的沙龙做讲座； 9月，参加哥廷根大学百年校庆；拜访卡尔·弗里德里希·高斯并探讨地磁现象； 11月，就柏林学术机构的学科设置问题参与讨论。
1838 年	8月13日，再次前往巴黎执行外交任务，停留至1839年1月。

1840 年	12 月，洪堡成为普鲁士国务委员会成员。
1841 年	5 月至 11 月，第五次出使巴黎（倒数第四次出访，因为随后几年出访最后三次），在此期间，为普鲁士的国王腓特烈·威廉四世效劳。
1845 年	《宇宙：对世界的简要物理描述》第一卷出版；其他四卷至 1862 年陆续出版。
1848 年	结束外交工作；3 月 22 日，加入"三月革命"死难者的送葬队伍。
1857 年	从皇室工作中退休；积蓄渐空，为支付贴身侍从工资，将其定为财产继承人。
1859 年	4 月 13 日，最后一次审阅《宇宙》手稿； 5 月 6 日下午 2 时 30 分，于柏林奥拉宁堡大街的寓所中去世； 5 月 11 日，葬礼举行，柏林全城哀悼与送葬的人络绎不绝，亚历山大·冯·洪堡被安葬在蒂格尔城堡的花园内。

人物述评

卡洛琳·德·拉·莫特－富凯

（Caroline de la Motte-Fouqué）

在洪堡家一切如旧，房子里哪里也没改变，无论是人还是他们的举止……

要说起这两个儿子，我只能告诉你，威廉尽管博学多才，但更像个书呆子。……亚历山大倒是个"小机灵鬼"（un petit esprit malin）。

顺便说一句，小亚历山大非常有才华，甚至专门学习之前就会画头像和风景画。在他母亲的卧室里，所有作品都挂在墙上。现在，他已经成熟了不少，正处于骑士精神的觉醒阶段，开始对女士们献殷勤了。他戴着两根长长的钢制表链，跳舞、在母亲的内室中与人交谈，不久就能看到，他开始进入角色了。这很容易让人想起他的父亲。

《书桌或新旧时代》

科隆，1833 年，第 6 页

威廉·冯·洪堡

亚历山大今天一早就出发了，离别令我感伤，但他变得非常优秀，与我想象中的大相径庭。我不会说他毫不虚荣，但他很少显露出来，他对异国的壮美有自己的看法，并为能找到这样的地方而不吝赞美之词。严格说来，我在他身上没有发现任何真正伟大的东西，但发现了一种远胜于普通人的热情，一种不怕牺牲的能力，以及一种伟大而强烈的忠诚。他几乎永远不会感到知足，他无法平静，也永远不会平静下来，因为我不相信任何兴趣会占满他的内心。然而，他对这样的自我存在怀有感知和警醒，他永远不会对自己满意，因为他觉得无法满足自己。他甚至偶尔向我表达这种想法，尽管在大多数情况下，我俩彼此的内心感受之间蒙着一层薄纱，我们都看在眼里，却不敢揭开。

安娜·冯·西多（Anna von Sydow），
《书信中的威廉与卡洛琳·冯·洪堡》
柏林，1906—1916 年，第一卷，第 477 页

约翰·沃尔夫冈·冯·歌德

渐渐地（伴随着那些朋友们的忙碌），年轻的冯·洪堡更加突出，他一个人就足以让当下的时代生活充满趣味，又让一切围绕着有趣的化学、物理和生理学开始动起来，以至于有时候我感到很难退回到自己原本的圈子里去。

《歌德与洪堡兄弟的通信（1795—1832 年）》

弗朗茨·托马斯·布拉特拉内克

（Franz Thomas Bratranek）（编）

莱比锡，1876 年，第 347 页

弗里德里希·席勒

我还没有对亚历山大做出正确的判断，但我担心，尽管他拥有所有的天赋才能，还不知疲倦地工作，但他永远不会在科学上取得任何伟大的成就。一颗极小的躁动不安的虚荣心仍然驱动着他的全部活动，我无法在他身上发现纯粹的客观兴趣的火花，尽管这听起来很奇怪，但我在认为他……缺乏对研究课题的思考，这是最糟糕的。……总之在我看来，在研究方面他不仅有个太粗糙的大嗓门，也是个太受局限的知识分子。他没有想象力，所以在我看来，他缺乏他那套科学研究里最必要的力量——因为大自然须在其最独特的现象，就如同在其最高的法则中一样，去观察、去感受。亚历山大给许多人留下了深刻的印象，与他的哥哥相比，他通常胜一筹，因为他有一张能说会道的嘴巴，并且能够坚持自己的主张。但就真正的价值而言，我根本不会将他俩相提并论，因为在我看来，威廉更值得尊敬。

《席勒作品集（全国版）》，第 29 卷
席勒的通信（1796 年 11 月 1 日—1798 年 10 月 31 日）
诺伯特·奥勒尔斯（Norbert Oellers）和
弗里乔夫·斯托克（Frithjof Stock）（编）
魏玛，1977 年，第 112 页

皮埃尔-让·戴维·昂热制作的亚历山大·冯·洪堡半身肖像，
1843 年

罗莎·蒙图法尔（Rosa Montúfar）

男爵① 总是彬彬有礼而和蔼可亲。然而在餐桌上，他从不逗留足够久的时间，向女士们寒暄或者满足自己的胃口。而且他总是一次又一次地出去，观察每一块石头，采集草药。夜晚，当我们早已进入梦乡，他开始仰望星空。我们女孩子对这些东西的理解倒远远不及侯爵，也就是我的父亲。

莫里茨·瓦格纳（Moritz Wagner）

《关于南美厄瓜多尔安第斯山脉的高度测量工作，特别考虑到钦博拉索和科托帕希的环境》

柏林，1864 年，第 235 页

约翰·彼得·艾克曼（Johann Peter Eckermann）

我发现歌德特别兴高采烈。今天上午，亚历山大·冯·洪堡到我这儿待了几个小时。他朝气蓬勃地对我说，"这是多么神奇的一个人！我认识他这么久了，但他这次又让我感到惊讶。可以说，没人能比得过他的知识储备和活学活用的本事。还有我之前从不知道的多才多艺！我从未见过这样的人！"无论谈到什么，他都了

---

① 此处所指为亚历山大·冯·洪堡。虽然洪堡并没有实际上继承的贵族头衔，但还是会被很多人称呼为"男爵"。

如指掌，并且把他知识的甘霖泼洒给我们身边。他就像一个多头喷泉，你只需在下面放上容器，清冽的泉水就会源源不断地向你涌来。他将在这里逗留几天，我已经能感觉到自己仿佛会度过许多年。

约翰·彼得·艾克曼

《歌德对话录：在他生命最后几年》第一卷

海因里希·休伯特·侯本（Heinrich Hubert

Houben）（编）

莱比锡，1948年，第188页

卡尔·奥古斯特·法恩哈根·冯·恩瑟

（Karl August Varnhagen von Ense）

今天，洪堡来看我了。许久没见，他苍老了许多，但精神和勇气依然如故。他在巴黎时开朗活泼，来到这里（柏林！）之后阴郁的情绪立刻笼罩了他。正如他所说，他看到的一切都是悲悲切切的……他被各种抱怨和要求包围了，所有人都希望他为他们发言，利用他的影响力为他们做事。"影响力！"他惊呼道，"没人有影响力！就连国王的宠臣本森（Bunsen）和拉多维兹（Radowitz）也没有，他们什么也不会，因为他们所窥探到的幻觉和软弱滋养着、服务于他们，最终失去了一切……"

《亚历山大·冯·洪堡于 1827 年至 1858 年写给法恩
哈根·冯·恩瑟的信。连同法恩哈根的日记摘录，
和法恩哈根等人写给洪堡的信件》第一卷

莱比锡，1860 年，第 123 页

海因里希·布鲁格施（Heinrich Brugsch）

他的公寓就在奥拉宁堡大街上，离出色的梅茨纳女
子学校（Mätznerschen Töchterschule）很近，对面是一家
药店。如今，在他曾经独居的二楼下还立有一块洪堡的
纪念牌匾，他在这里度过了成果丰硕的最后几年时光，
直到去世。他朴素的书房是一间单窗的小房间，朝向庭
院，庭院后面是一个小花园，花园的墙壁毗邻约翰尼斯
大街。凌晨三点钟，喜好夜游的步行者依然可以看到那
扇亮着灯的窗，这位不朽的学者坐在书桌旁书写他的
《宇宙》。直到大约四点钟，他才进到一个极小的睡眠壁
龛中铺床，在那里他的灵魂也得以安放。

《我的生活和漫游》

柏林，1894 年，第 25 页及其后各页

克里斯蒂安·戈特弗里德·埃伦伯格

在温和的余晖里，在西沉过程中越发庞大的夕阳

边，亚历山大·冯·洪堡离开了我们……他的著作标志着我们对地球和世界的看法进入了一个新纪元，即使在此刻这样说也不为过。他的语言不是迂腐的科学术语，不是冷冰冰的事实堆砌，也不是肤浅的修辞，而是回荡着严肃的研究得出的令人信服的教诲，充满愉悦和温馨，使人在地球上和太空中都感到亲切而回味无穷……很难概括这位成就卓著的科学家及其福泽深厚、叱咤风云的一生，……也很难描绘他的同时代人……在许多方面都感受过的伟大，为了不让转瞬即逝的过往……产生令人沮丧的影响，请让永恒的遗产激励当代和后代子孙……奋发效仿学习。

赫伯特·斯库拉（Herbert Scurla）

《亚历山大·冯·洪堡》

柏林，1985年，第383页

参考文献

———◆❦◆———

在德国文化和科学史上的杰出人物中，可能没有其他人的作品像亚历山大·冯·洪堡那样广泛、多样化，但又如此难以追踪，而且在出版书目上也没有定论。

这句摘自霍斯特·费德勒（Horst Fiedler）和乌尔丽克·莱特纳（Ulrike Leitner）的著作《亚历山大·冯·洪堡的作品——独立出版的书目》（*Alexander von Humboldts Schriften. Bibliographie der Selbständig Erschienenen Werke*，柏林，2000年）中的判断依然有效。时至今日，洪堡的著作仍然没有一个具有历史批判性（包含解释、考证、评注等）的完整版本。不过，研究工作在2013年获得了关键性的推动。普鲁士文化遗产基金会购买了洪堡远征南美时留下的旅行日记，并于

2014 年启动了一个由波茨坦大学、柏林国家图书馆和柏林-勃兰登堡科学与人文学院在奥特马尔·埃特（Ottmar Ette）的领导下联合开展的研究项目。该项目的目的是通过对洪堡的旅行作品进行数字化和编辑，使人们能够通过全新的方式首次全面了解洪堡的思想。

一次文献

Geiger, Ludwig: Goethes Briefwechsel mit Wilhelm und Alexander von Humboldt. Berlin 1909

Humboldt, Alexander von: Mineralogische Beobachtungen über einige Basalte am Rhein. Braunschweig 1790

Humboldt, Alexander von: Ansichten der Natur mit wissenschaftlichen Erläuterungen. Bd. I. Tübingen 1808

Humboldt, Alexander von: Ansichten der Natur mit wissenschaftlichen Erläuterungen. Bd. I–II. Stuttgart/Tübingen 1826

Humboldt, Alexander von: Studienausgabe（STA）. Hg.von Hanno Beck. Bd. I–VIII. Darmstadt 1987–1997

Humboldt, Alexander von: Ansichten der Natur. Hg.von Adolf Meyer-Abich. Stuttgart 1999

Humboldt, Alexander von: Die Reise nach Südamerika.

Vom Orinoko zum Amazonas. Nach der Übersetzung von Hermann Hauff. Göttingen 1990

Humboldt, Alexander von: Reise in die Äquinoktial-Gegenden des Neuen Kontinents. Hg.von Ottmar Ette. Bd. I–II. Frankfurt a. M. /Leipzig 1999

Humboldt, Alexander von: Über die Freiheit des Menschen. Auf der Suche nach Wahrheit. Frankfurt a. M. 1999

Humboldt, Alexander von: Die Kosmos-Vorträge 1827/28. Frankfurt a. M. /Leipzig 2004

Humboldt, Alexander von: Ansichten der Natur mit wissenschaftlichen Erläuterungen und sechs Farbtafeln nach Skizzen des Autors. Frankfurt a. M. 2004

Humboldt, Alexander von: Ansichten der Kordilleren und Monumente der eingeborenen Völker Amerikas. Vues des Cordillères et Monumens des Peuples Indigènes de l'Amérique. Hg.von Oliver Lubrich und Ottmar Ette. Frankfurt a. M. 2004

Humboldt, Alexander von: Kosmos. Entwurf einer physischen Weltbeschreibung. Hg.von Ottmar Ette und Oliver Lubrich. Frankfurt a. M. 2004

Humboldt, Alexander von: Über einen Versuch, den Gipfel des Chimborazo zu ersteigen. Hg. Von Oliver Lubrich und Ottmar Ette. Frankfurt a. M. 2006

Humboldt, Alexander von: Es ist ein Treiben in mir.

Entdeckungen und Einsichten. Hg.von Frank Holl. München 2009

Humboldt, Alexander von: Zentralasien. Untersuchungen zu den Gebirgsketten und zur vergleichenden Klimatologie. Frankfurt a. M. 2009

Humboldt, Alexander von: Das graphische Gesamtwerk. Darmstadt 2014

Jahn, Ilse, und Fritz G. Lange: Die Jugendbriefe Alexander von Humboldts 1787–1799. Berlin 1973 (= Beiträge zur Alexander-von-Humboldt-Forschung, Bd.2)

Schmitz, Rainer (Hg.): Henriette Herz. In Erinnerungen, Briefen und Zeugnissen. Berlin 2013

鉴于有关亚历山大·冯·洪堡的出版物数量众多，这里仅从次级文献中选取一小部分进行介绍。

二次文献

Beck, Hanno: Alexander von Humboldt. Bd. I–II. Wiesbaden 1959–1961

–, und Wolfgang-Hagen Hein: Humboldts Naturgemälde der Tropenländer und Goethes ideale Landschaft. Zur ersten Darstellung der Ideen zu einer Geographie der Pflanzen.

Erläuterungen zu fünf Profil-Tafeln in natürlicher Größe. Stuttgart 1989

Biermann, Kurt-R. , Ilse Jahn und Fritz G. Lange: Alexander von Humboldt. Chronologische Übersicht über wichtige Daten seines Lebens. Berlin 1968

Biermann, Werner: «Der Traum meines ganzen Lebens.»Humboldts amerikanische Reise. Berlin 2008

Bies, Michael: Im Grunde ein Bild. Die Darstellung der Naturforschung bei Kant, Goethe und Alexander von Humboldt. Göttingen 2012

Böhme, Hartmut: «Ästhetische Wissenschaft. Aporien der Forschung im Werk Alexander von Humboldts». In: Ottmar Ette, Ute Hermanns, Bernd M. Scherer und Christian Suckow (Hg.): Alexander von Humboldt. Aufbruch in die Moderne. Berlin 2001 (Beiträge zur Alexander-von-HumboldtForschung, Bd.21), S. 17–32

–: «Alexander von Humboldts Entwurf einer neuen Wissenschaft». In: Prägnanter Moment. Studien

zur deutschen Literatur der Aufklärung und Klassik. Festschrift für Hans-Jürgen Schings. Würzburg 2002, S. 495–512

–: «Goethe und Alexander von Humboldt. Exoterik und Esoterik einer Beziehung». In: Ernst Osterkamp (Hg.):

Wechselwirkungen. Kunst und Wissenschaft in Berlin und Weimar im Zeichen Goethes. Bern u.a.2002，S. 167–188

Botting，Douglas：Alexander von Humboldt. Biographie eines großen Forschungsreisenden. München 1974 und 1982

De Terra，Helmut：Alexander von Humboldt und seine Zeit. Wiesbaden 1956

Ette，Ottmar：Weltbewusstsein. Alexander von Humboldt und das unvollendete Projekt einer anderen Moderne. Weilerswist 2002

–：Alexander von Humboldt und die Globalisierung. Das Mobile des Wissens. Frankfurt a. M.，Leipzig 2009

Feisst，Werner：Alexander von Humboldt 1769–1859. Das Bild seiner Zeit in 200 zeitgenössischen

Stichen. Wuppertal 1978

Fiedler，Horst，und Ulrike Leitner：Alexander von Humboldts Schriften. Bibliographie der selbständig erschienenen Werke. Berlin 2000（Beiträge zur Alexander-von-Humboldt-Forschung，Bd.20）

Gebauer，Alfred：Alexander von Humboldt. Seine Woche auf Teneriffa 1799. Santa Úrsula 2009

Geier，Manfred：Die Brüder Humboldt. Eine Biographie. Reinbek 2009

Hein，Wolfgang-Hagen：«Die ephesische Diana als

Natursymbol bei Alexander von Humboldt». In: Perspektiven der Pharmaziegeschichte. Festschrift für Rudolf Schmitz zum 65. Geburtstag. Hg.von Peter

Dilg. Graz 1983, S. 131–146

–: Alexander von Humboldt und die Pharmazie. Stuttgart 1988 (Ver-öffentlichungen der Internationalen Gesellschaft für Geschichte der Pharmazie e. V. , Bd.56)

– (Hg.): Alexander von Humboldt. Leben und Werk. Frankfurt a. M. 1985

Hey' l, Bettina: Das Ganze der Natur und die Differenzierung des Wissens. Alexander von Humboldt als Schriftsteller. Berlin [u.a.] 2007

Holl, Frank, und Eberhard Schulz-Lüpertz: Alexander von Humboldt in Franken.«Ich habe so große Pläne dort geschmiedet...»Gunzenhausen 2012

Jahn, Ilse, und Andreas Kleinert: Das Allgemeine und das Besondere. Johann Wolfgang von Goethe und Alexander von Humboldt im Gespräch. Halle (Saale) 2003

Krätz, Otto: Alexander von Humboldt. Wissenschaftler, Weltbürger, Revolutionär. München 2000

Kunst-und Ausstellungshalle der Bundesrepublik Deutschland (Hg.): Alexander von Humboldt–Netzwerke des Wissens. Katalog konzipiert von Frank Holl. Haus der Kulturen der Welt（Berlin）vom 6. Juni bis 15. August 1999 und in der Kunst-und Ausstellungshalle der Bundesrepublik Deutschland（Bonn）vom 15. September 1999 bis 9. Januar 2000. Bonn 1999

Lack, Hans Walter: Alexander von Humboldt und die botanische Erforschung Amerikas. München 2009

Lindgren, Uta（Hg.）: Alexander von Humboldt. Weltbild und Wirkung auf die Wissenschaften. Köln/Wien 1990

Maaß, Kurt-Jürgen（Hg.）: Zur Freiheit bestimmt. Alexander von Humboldt–eine hebräische Lebensbeschreibung von Chaim Selig Slonimski（1810–1904）. Bonn 1997

McIntyre, Loren A. : Die amerikanische Reise. Auf den Spuren Alexander von Humboldts. Hamburg 2000

Meyer-Abich, Adolf: Alexander von Humboldt. Reinbek 1967, 1998, 2008

Richter, Thomas: Alexander von Humboldt. Ansichten der Natur. Naturforschung zwischen Poetik und Wissenschaft. Tübingen 2009（Stauffenburg Colloquium, 67）

Rübe, Werner: Alexander von Humboldt. Anatomie eines Ruhmes. München 1988

Schleucher, Kurt: Alexander von Humboldt. Der Mensch, der Forscher, der Schriftsteller. Darmstadt 1985

Scurla, Herbert：Alexander von Humboldt. Sein Leben und Wirken. Berlin 1985

Wachsmuth, Andreas B.：«Goethe und die Brüder von Humboldt». In：Albert Schäfer（Hg.）：Goethe und seine großen Zeitgenossen. München 1968, S. 53–85

网络资料

http://avh.bbaw.de/

柏林 - 勃兰登堡科学与人文学院亚历山大·冯·洪堡研究中心的主页是与这位伟大的全能学者的生活和工作相关的所有研究活动的首要网址。

http://avh.bbaw.de/biblio/

有关亚历山大·冯·洪堡的次级文献数据库目前正在建设中，该数据库提供了有关这位伟大学者生平和工作的众多出版物的概览。

http://www.hin-online.de

洪堡网络平台（HIN）由波茨坦大学和柏林 - 勃兰登堡科学与人文学院建立，提供世界各地有关亚历山大·冯·堡的会议、讲座和新出版物的最新信息。

关于作者

托马斯·里希特（Thomas Richter）出生于1965年，曾在维尔茨堡学习药剂学。在获得药剂师执业资格后，他又以研究香蜂花历史的论文获得了自然科学博士学位。为了在自然科学与人文科学之间架起桥梁，他又攻读了德语语言文学专业，博士毕业论文的主题是关于自然科学家亚历山大·冯·洪堡的《大自然的肖像》。除了药剂师的工作，他还担任维尔茨堡大学"德国现代文学史"课程的讲师。在医药专业报刊上，他常发表有关文化史主题的文章。托马斯·里希特已婚，与妻子克劳迪娅（Claudia）和儿子菲利普·奥古斯特（Philip August）居住在维尔茨堡。

致　谢

　　"侏儒站在巨人的肩膀上。"这是一位 12 世纪学者所作的比喻，用来形容科学家似乎总是比前人知道得多一点点的情形。因此，我要特别感谢我在维尔茨堡大学的老师们，他们对我的跨学科思维产生了决定性的影响：医药生物学教授弗朗茨－克里斯蒂安·齐根博士（Dr. Franz-Christian Czygan）、医学历史学教授贡道夫·凯尔博士（Dr. Gundolf Keil）、德意志语言文学教授沃尔夫冈·里德尔博士（Dr. Wolfgang Riedel）和赫尔穆特·普福坦豪尔博士（Dr. Helmut Pfotenhauer）。

　　将科学研究与实际职业相结合并非理所当然，因此我要感谢我的药剂师妻子克劳迪娅·里希特博士为我提供了将科学、药学和家庭结合起来的必要自由空间。此外，克里斯蒂娜·古伦德博士（Dr. Christina Grund）和奥斯特里达·门特博士（Dr. Astrida Ment）这两位我在维尔茨堡读博期间的同窗，也是我要感谢的人。我们之间的话题经常将亚历山大·冯·洪堡与德国文学史和科学史结合起来。

关于为这位普鲁士全才撰写一本新专著的建议一经提出，立即得到了罗沃赫特出版社（Rowohlt Verlag）的大力支持。我衷心感谢乌韦·瑙曼（Uwe Naumann）先生主动的合作意愿。与我的编辑雷吉娜·卡斯滕森（Regina Carstensen）和卡特琳·芬克迈尔（Katrin Finkemeier）的共事也非常愉快，对本书项目极为有利。

愿这部作品能够激励更多人，共同研究伟大的自然科学家和学者亚历山大·冯·洪堡的生平和作品。

译者后记

在完成《亚历山大·冯·洪堡评传》的翻译工作之后，我心中激荡着无比的感慨与敬畏。这部传记不仅是对卓越的科学家、探险家、哲学家亚历山大·冯·洪堡一生的回顾，更是对探索自然、追求真理的人类精神的颂歌。亚历山大·冯·洪堡，这位出身贵族世家，却一生致力于服务大众的伟人，用他的一生诠释了"科学的起点，是心灵对物质的占有，是对大量经验进行理性认识的尝试"这一深刻内涵。

家境优渥，却心怀寰宇

洪堡生于一个富裕的家庭，但他并未被显赫的家世所束缚，反而以更加开阔的视野和博大的胸怀去拥抱这个世界。他在儿时就培养了广泛的兴趣，这让他一辈子都热爱大自然；洪堡也在成长中渐渐学会追求兴趣，他将日常事务与兴趣相结合，一有机会出行，他都会去考察地质地貌、测量与记录数据、了解风土人情。纵使经历过重重阻碍，他的心境终究超出了国界，跨越了种族，他带着对未知世界无尽的好奇与向往，冲破了一道道摆在自己面前，乃至全人类面前的枷锁。他的一生，就是一场对寰宇的探索与饱览。从亚马孙的热带雨林到钦博拉索山的世界之巅，从委内瑞拉的广袤草原到西伯利亚的崇山峻岭，都留下了他坚实的足迹和深邃的思考。

这种心怀寰宇的精神，不仅体现在他的探险旅行中，更贯穿了他整个科学研究生涯。在他看来，各领域的科学研究都可以被纳入更宏观、更统一的宇宙模型之中——这或许可以用中华文化中的"道"来理解，道是万物的本源，也是一切存在之大全，"万物得一以生"。这种包容统一的特点也在洪堡的观念中得到凸显。虽然洪堡人生的遗憾是没能亲自来到中国，但好在我们还是能阅读和理解洪堡的思想。

格物致知，亦服务大众

洪堡深信，科学的真谛在于通过仔细观察、深入思考和合理推断来揭示宇宙的奥秘。他一生致力于格物致知，对植物学、地质学、气候学等多个领域进行了深入的研究，而他的研究理念并不是穷尽万物，而是从细节去了解万物的状态和处境，从而做出改善之举。从这一点看，洪堡服务大众，且观点新颖。他不仅是诸多科学领域的开拓者，更是将科学知识普及给大众的先驱。洪堡认为，自己的人生目标不是在哗众取宠中实现，而需服务于更崇高的使命——科学的力量应该服务于社会，造福于人类。他积极改善普鲁士矿工的工作条件与生涯规划，亦支持奴隶制的废除，在美洲帮助有色人种掌握技能；从美洲返回欧洲大陆后，他不惜花费大量时间精力，致力于优秀出版物的编写与制作，且注重读者反馈，他的身上，确乎有着"天生我材必有用，千金散尽还复来"的无畏；面对他人的误解，洪堡不以为意，反倒是为更多想去科考的人谋求支持，用实际行动去助力年轻一代。上述种种行为都表明，他真正通过思考给予了他人实质性的帮助与关怀，这也是为什么洪堡能在生命终结后依旧赢得人们的爱戴，他的人文关怀能影响一代又一代学者。

洪堡这一生亦笔耕不辍、积极演讲，将自己的研究成果和科学知识传播给更广泛的人群，激发了无数人对科学的兴趣和热爱。这种"因真理、得自由、以服务"之精神，使得洪堡的科学研究不止步于学院或政府中，更是走向寻常百姓家，成为推动社会进步和人类文明发展的重要力量，而我相信这也是为什么我们要通过本书来讲述洪堡的生平，传递洪堡的精神。

致谢与期待

翻译过程中，我遇到了前所未有的挑战。首先，洪堡的研究领域广泛且深入，涉及大量专业术语和复杂概念，这要求我需要秉持严谨的态度，反复推敲原文，与专家学者交流，查阅专业资料和文献。其次，洪堡的原文信件中充满了对自然探索和人际交往的热情和对真理的追求，这种情感色彩丰富的文本要求翻译既要准确传达原文的意思，又要保留其独特的韵味。然而，18世纪和19世纪的德语文献与21世纪的中文还是存在理解上的差异，虽然有原作者严谨、生动的现代化阐释，翻译中依然恐有错漏之处，恳请读者审阅和指正！

在此，我要向所有支持和帮助过我的人表示衷心的感谢。感谢原作者为我们提供了这样一部优秀的作品；感谢出版社的信任，感谢编辑们的辛勤付出；特别感谢家人们的理解和支持，没有你们，我无法做到这件事。

最后，我也期待这部作品能够成为一座桥梁，连接起洪堡与读者之间的精神世界，让洪堡那一切还充满未知的时代，那追求乌托邦的动荡变革时代，带领你们踏上一趟心灵之旅，进入"森林的灌木丛，穿过无边无垠的大草原，登上安第斯山脉的山脊……让大自然不再只是研究者探索的空间，也是读者寻求宁静的栖息之所"。

李晓芸

2024 年 9 月 17 日

歌德的"欧洲和南美洲山脉比较"献礼图正式版（局部）。彩色铜版印刷，1813年。图中央偏左下位置的石块上标注了"歌德献给